高等院校财会专业系列教材

财务大数据分析实验教程

主　编　盛　洁　杨　文
副主编　李建全　王小春
　　　　史亚萍　韩　露

微信扫码
查看更多资源

南京大学出版社

图书在版编目(CIP)数据

财务大数据分析实验教程 / 盛洁,杨文主编. —南京:南京大学出版社,2022.8
ISBN 978-7-305-25964-7

Ⅰ. ①财… Ⅱ. ①盛… ②杨… Ⅲ. ①财务管理—数据处理—高等职业教育—教材 Ⅳ. ①F275

中国版本图书馆 CIP 数据核字(2022)第 134676 号

出版发行	南京大学出版社		
社　　址	南京市汉口路 22 号	邮编	210093
出 版 人	金鑫荣		

书　　名　**财务大数据分析实验教程**
主　　编　盛　洁　杨　文
责任编辑　武　坦　　　　　　　　编辑热线 025-83592315
照　　排　南京开卷文化传媒有限公司
印　　刷　南京京新印刷有限公司
开　　本　787×1092　1/16　印张 11.75　字数 257 千
版　　次　2022 年 8 月第 1 版　2022 年 8 月第 1 次印刷
ISBN　978-7-305-25964-7
定　　价　39.80 元

网　　址：http://www.njupco.com
官方微博：http://weibo.com/njupco
微信服务号：njuyuexue
销售咨询热线：(025)83594756

* 版权所有,侵权必究
* 凡购买南大版图书,如有印装质量问题,请与所购
　图书销售部门联系调换

前　言

《财务大数据分析实验教程》是针对金蝶云星空平台专门设计的,是财务大数据分析课程的配套教材。金蝶云星空,是企业级财务大数据实验室平台,也称为运营魔方。平台内配套典型新零售企业业财融合的财务大数据实验案例,通过内置的"轻分析"功能模块或调用 SQL 语句进行财务大数据数据模型的构建,形成各类可视化分析。利用该平台可实现数据可视化分析(指示器、饼图、线形图等)、企业经营状况分析(销售、采购、库存等)、企业财务状况分析(存货、应收应付、成本费用、盈利能力等)和企业内部控制分析(经营预警分析)等企业核心主题的大数据分析,旨在培养学生具备企业经营管理所需的大数据处理与分析能力,能综合运用所学的财务管理理论,结合大数据分析结果,对企业内各业务环节的经营活动进行分析、预测、决策和规划,培养更高级的技术型财务人才和战略型财务人才。

市场化的经济形态变化和大数据时代的来临,给企业财务管理带来诸多挑战,因此如何收集数据、整理数据、分析数据、利用数据,并将这些有效数据进行整合、资源配置,是企业目前所需要面对的难题之一。财务大数据分析课程以典型新零售企业为对象,对包括企业经营状况、财务状况、内部控制在内的各项数据进行分析,旨在培养学生数据收集、整理和分析的能力,使其在分析数据的过程中灵活地运用所学的财务管理、会计学等学科的理论知识,并且要求将实践与理论相结合,充分发挥学生的创造性和认知性。同时,本课程需要学生全程实践操作并展示分析成果,并在此过程中注重引导和培养学生相互交流、沟通的能力,充分发挥主观能动性和沟通表达能力。

本教材可以作为高等院校财务管理、会计学等专业的财务大数据分析课程实验指导用书。同时,本教材作为广东理工学院教学成果,教材的编写得到了金蝶软件(中国)有限公司的大力支持。尽管编者在编写过程中做了大量的工作,但限于学识和水平,书中难免存在疏漏与不足,恳请各位读者及时反馈意见,以便将来予以修订。

编者

2022 年 3 月

目 录

第1章 财务大数据分析概述 ·· 1
  1.1 财务大数据发展背景 ·· 1
  1.2 财务大数据分析的应用与发展 ··· 2
  1.3 财务大数据分析的价值 ··· 5

第2章 课程概述 ·· 6
  2.1 课程实训目的 ·· 6
  2.2 课程实训内容 ·· 6
  2.3 课程实训步骤 ·· 7
  2.4 课程实训报告 ·· 9
  2.5 课程考核方式 ·· 9

第3章 平台介绍 ·· 11
  3.1 基本情况 ·· 11
  3.2 平台特点 ·· 11
  3.3 平台规则 ·· 12
  3.4 模块介绍 ·· 12

第4章 基础设置 ·· 15
  4.1 账套设置 ·· 15
  4.2 用户导入 ·· 26

第5章 案例背景与分析入门 ·· 32
  5.1 深入了解新零售行业 ·· 32

5.2	企业实施方法论	34

第 6 章 数据可视化分析 39

6.1	数据建模	39
6.2	数据分析	50
6.3	数据斗方	57
6.4	仪表板	66

第 7 章 SQL 简介及基本语法 76

7.1	SQL 简介	76
7.2	SQL 基本语法	76

第 8 章 SQL 应用——轻分析 92

第 9 章 财务大数据分析综合实训——业务分析 98

9.1	销售主题	98
9.2	采购主题	109
9.3	存货主题	123

第 10 章 财务大数据分析综合实训——财务环节 136

10.1	应收账款主题	136
10.2	应付账款主题	144
10.3	成本费用主题	148
10.4	盈利主题	155

第 11 章 财务大数据分析综合实训——风险预警 171

第1章　财务大数据分析概述

1.1　财务大数据发展背景

第一次财务变革以财会电算化为标志，第二次财务变革以财务共享中心的建立为标志，而已到来的第三次财务变革是以大数据、云计算、人工智能等新技术为标志。

由曾任平安集团财务部副总经理、前安永咨询高级经理董皓先生执笔的《智能时代财务管理》一书，于2018年1月出版，该书共10个章节，讲述了人工智能时代到来之际，财务人员面临的环境变化、组织与模式变革，需要进行哪些能力与认知的提升，从财务从业者视角展示了大数据、人工智能等新技术的概念及财务应用场景。麦肯锡全球研究指出，大数据具有海量的数据规模、快速的数据流转、多样的数据类型及价值密度低四大特征。海量的数据对正确识别有用数据的能力提出了巨大挑战；快速的数据流转，是大数据区别于传统数据挖掘的最显著特征；多样化、非结构化的数据类型对数据处理、数据分析能力提出了更高要求；价值密度的高低，往往与数据总量的大小成反比变化。

如何通过强大的算法更迅速地"提纯""萃取"价值数据，是大数据处理迫切需要攻克的难题，而云计算技术下的大数据处理正是基于庞大数据信息的专业化解决方案。大数据技术为全面挖掘财会信息提供了保障，并在此基础上进一步确保了财会信息的有效性。掌握数据库的基本概念与基本操作，是财会人员的必备技能。例如，Access数据库虽为小微型数据库的信息处理系统，但它具有强大的信息处理能力，其主要体现在：数据表易学、易懂；通过向导创建表、查询及报表操作简单；管理与分析数据便捷。通过学习Access数据库的基本知识，财会专业的学生能快速了解财会信息系统，该数据库具有很强的实用性。数据库是按照一定关系构建的相互关联的数据集合，从而构成一个结构严谨、管理严密、联系紧密的信息系统。而财会数据通常是指记录下来的财会事实，是产生财会信息的源泉。

庞大的财会数据，分布在企业各个业务部门，涉及企业经营的各个环节，只有经过财会部门的持续加工、处理，才能形成有价值的财会信息。因此，在一定程度上财会数据也是一个信息系统，这个信息系统的服务对象是现代企业组织，它向企业利益相关方不断传递以财会信息为主的经济信息。利用大数据技术进行财务数据的储存,实现不同信息分类保存,为后续信息处理和财务决策提供基础。同时,财务数据的安全性将极大影响企业的正常运营和可持续发展,大数据技术可以确保信息不外泄,保障企业信息数据的安全。

1.2　财务大数据分析的应用与发展

　　财务大数据分析的应用与发展,主要体现在数据挖掘、企业数字化体系、财务云,以及新一代 ERP 几个方面。以下将通过各学者及企业集团对财务大数据分析的认识及应用进行介绍。

1.2.1　实施数据挖掘,推进智能财务进阶之梯

　　浪潮集团大数据产品部总经理王相成表示,随着 RPA(机器人流程自动化)技术的推进,财务机器人逐渐替代流程化、规则化的财务工作,财务人员将更多精力转移至智能洞察、感知、预测等更多参与企业管理的方面,而这个转变也将更加依赖数据挖掘技术。总体而言,数据挖掘能够解决下列问题:一是从文本中提取信息,如在凭证摘要中提取关键信息;二是预测数值,如通过预置回归算法预测公司未来一年营业收入或成本;三是发现异常,寻找经营风险、数据异常现象等;四是聚类问题,包括发现盈利较多的产品、可以长期合作的客户等;五是在多个指标类别中进行预测,如根据历史经验预测新增的客户是否为优质客户;六是图像分类,如通过图像识别技术识别不同人员、设备、单据和产品质量。数据挖掘技术将从角色定位、所在部门、要素范围、维度模式、分析方式等方面对会计人员产生影响。会计人员将由会计师向数据分析师和算法工程师转变。对于会计人员来讲,需要了解数据挖掘原理、掌握基本的数据挖掘工具和相关技能。

　　首都经济贸易大学教授王海林认为,数据挖掘是从海量数据中提炼有价值的模式和发现知识的过程。这个过程中需要综合利用数据库和数据仓库、统计分析、信息检索、模式识别、机器学习和神经网络、高性能计算、数据可视化等多方面技术。数据挖掘技术具有处理数据规模大、数据源结构不同且多样化、挖掘发现的规则动态变化等特点。在财务、会计和审计领域,可以利用数据挖掘技术探查企业存在的问题、预测企业的未来走向,为利益相关者提供更有效的决策支持。在全球范围内,数据挖掘技术已经成功应用于企业持续经营状况的分析诊断、信用风险的监测评价、财务舞弊的识别预防、财务困境和企业绩效的预测等方面。数据挖掘技术的深度应用将有助于打破会计边界,加速会计与业务的融合。

1.2.2　构建企业数字化体系

　　用友公司助理总裁、专属云平台事业部总经理罗小江指出,运用会计大数据能够

帮助企业进行数据治理,让数据落地。其中数据湖是企业各类数据(包括结构化、非结构化、半结构化数据)的载体,其中的数据可供存取、处理、分析及传输。同时数据湖能够全量采集数据、支持任何数据来源并基于数据标准化帮助企业统一数据标准层甚至数据结构层,能够从真正意义上构建、运用会计大数据。会计大数据的核心价值是帮助企业构建全局视角的事项库,提升财务数据的质量,包括连接所有业务系统、实时采集数据以及穿透采集外部数据,同时帮助企业发展管理会计、还原生产经营本质。通过事项数据和财务数据,帮助企业实时分析以及敏捷决策,实现自动化、智能化会计作业,提升财务效率。随着人工智能包括IOT(物联网)技术的整体普及,会计大数据能够更好地采集数据、感知数据,真正依靠数据进行决策。

阿里巴巴集团资深财务总监、财务中心负责人黄融认为财务会计的职能已经更多地从传统的账务处理,延伸为对收付款与核算链上的业财大数据进行加工处理,沉淀为有意义的数据集合,支持企业的业财分析与决策。会计大数据技术是帮助企业处理与构建业财大数据集合的一套数据技术体系,确保会计数据质量并具备最经济可用的颗粒度,以及对企业客户主数据的治理。

1.2.3 设计与实施财务云

中兴新云服务有限公司高级副总裁陈东升表示,云技术的核心是资源共享、按需取用、动态调配、实时响应。财务云就是扭转传统财务的公共模式,将本地化的财务部署转化为财务共享服务中心。财务云或财务共享并不是单纯做人员的物理集中,也不只存在于财务工作中,而是运用云计算技术将凝聚在每个员工的基础业务处理实现云化,实时享用。为保证实现最初财务云设计的效果,要坚持三个原则:首先,技术应以业务为纲;其次,在前期建设规划时应该从使用者角度考虑功能设计、结构和应用;最后,具体实施应以规划为纲。

企业实现财务云的功能,需要前期详细分析业务流程和信息系统,并提出功能需求和定位。为了让财务云在一段时间内保持稳定可用,并且未来具备一定的前瞻性和拓展性,需要把握四个方面:一是微服务架构。将大而全的信息系统变成独立的模块,并分别部署和实施,提高系统开发建设过程的灵活性和便捷性。二是低代码开发。通过大量可调用的方式,实现低代码开发,降低成本,提高效率。三是极致体验。通过多个维度设立(包括财务与业务、内部与外部等),并且通过后台员工行为的分析不断改进。四是数据中台。未来通过数据中台对数据进行加工、收集、整理,进一步实现产业数字化。

中国唱片集团有限公司总会计师孙彦永表示,云技术既是数字技术体系,也是信息服务规范,更是业务数字化的发展趋势。财务具有专业化、体系化、数值化、逻辑性强等特征,使得云技术应用具有模式化场景。随着互联网、数字技术发展及5G的商业化应用,云技术在财务方面的应用将围绕"资金流、业务流、信息流",从当下以企业集团为主的服务领域,步入面向中小企业提供基于"财务+业务"的虚拟化、分布式、定制服务,云技术将引领财务管理迈入机器核算、信息互通、数据挖掘、智能财务的新会计时代。

1.2.4　新一代 ERP 的思与行:从 ERP 到 EBC

金蝶软件(中国)有限公司高级副总裁赵燕锡表示,ERP 最初的功能是解决生产过程中物料供需的问题(MRP)。随着范围逐渐扩大,经历了生产资源计划阶段(MRP Ⅱ)以及企业资源计划阶段(ERP)。如今 ERP 不再只是企业内部系统,而是一个内外部用户业务协作的应用系统。这些应用必须更加重视数据、信息、过程的灵活性,以及对快速变化、不稳定的业务环境做出响应的能力。传统的 ERP 应用正在被数字化时代需求所取代。基于此,Gartner 公司提出新一代 ERP——EBC 的新观点。

EBC(企业业务能力)是企业将资源、能力、信息、流程和环境结合起来为客户提供一贯价值的方式,用于描述企业做什么以及企业在应对战略挑战和机遇时需要采取哪些不同措施。EBC 的特征有六个:① 智能化。未来智能应用会成为系统的有机部分。② 数据驱动。侧重点从过程转移到了数据及其生成的信息上,重视如何利用数据提高企业收益。③ 开箱即用。EBC 所包含的许多流程都已高度商品化;EBC 将成为消耗品,它将是可靠的,它将"开箱即用",不会为基本的功能花费大价钱。④ 解放劳动力。随着 AI(人工智能)等技术的引入,ERP 解决方案会逐渐将人员从过程中解放出来。随着物联网和更多机器人的引入,这一变化将扩展到整个供应链;帮助参与决策过程的人更快、更好地决策,或帮助他们取得更好的成果;将为企业内部人员创造更多的机会和新的角色。⑤ 赋能人人。系统和数据将跟随员工的脚步,将员工从办公桌前解放,他们将在需要完成工作的地方工作,并在需要时做出反应;ERP 交互方式将包括手势、语音控制和触摸,这些应用界面将产生操作,而不仅仅是替代的数据输入功能;集成将主要通过支持 AI 的集成工具来完成,以便在应对变化时能够提供更加灵活、敏捷的响应;系统会学习工作模式、偏好和风格,甚至帮助用户找到有助于人提高效率和效果的捷径;预测分析功能将有助于做出数据驱动的决策。⑥ 以客户为中心。前台和后台管理、业务和 IT 的时代已经结束,一切都是面向客户的;大部分企业都将其 ERP 的重点放在实现内部价值上,旨在竞争之前通过迅速响应、调整和预测客户的需求来实现商业价值。

华润集团财务部专业总监苏南认为,相较于传统 ERP,新一代 ERP 具有明显优点,一是云计算模式显著提升运营效率、改善稳定性及业务一致性。二是嵌入了大数据和机器学习等数字化技术,推动系统的自动化和智能化。新一代 ERP 助力财务实现更高的效率和敏捷,促进财务与业务更好地协同,赋能面向未来的财务预测和业务洞察。新一代 ERP 未来将作为企业级信息化基础平台,结合财务中台、数字化技术等综合运用,帮助企业实现数字化转型。

1.3 财务大数据分析的价值

财务大数据分析对于企业集团具有重要的实践意义,尤其是随着我国"互联网＋"倡议的实施,越来越多的企业利用互联网不断扩大企业的运营网络,经营结构和业务范围日益复杂,其财务管理的水平将会直接影响企业战略目标的实现。财务大数据分析可以将企业集团大量重复、易于实现标准化或流程化的会计核算,进行流程再造、标准化、集中化,既提高了会计核算的效率,又创造了各种价值。

在管理价值方面,财务大数据分析可以有效支撑公司战略、加强集团整体管控力度、促进财务人员由"账房先生"向"军师参谋"转型、统一标准及规章制度,从而保证工作高品质、高效率、高强度地完成。

在效率方面,财务大数据分析可以提高财务处理效率和财务服务满意度。财务大数据分析以其标准化、专业化的服务向内、外部用户提供品质高、效率高的财务业务核算及决策咨询等支持服务。经过流程改造和组织架构调整,企业集团下辖的所有子、分公司业务都统一在数据中心作业,达到规模效益,把业务处理拆解得更加详细,并分配给专业人才负责,服务品质和效率得到大幅度提升。

第 2 章　课程概述

2.1　课程实训目的

市场化的经济形态变化和大数据时代的来临,给企业财务管理带来诸多挑战,因此如何收集数据、整理数据、分析数据、利用数据,并将这些有效数据进行整合、资源配置,是企业目前所需要面对的难题之一。财务大数据分析课程以典型新零售企业为对象,对包括企业经营状况、财务状况、内部控制在内的各项数据进行分析,旨在培养学生数据收集、整理和分析的能力,使其在分析数据的过程中灵活地运用所学的财务管理、会计学等学科的理论知识,理论与实践相结合,充分发挥创造性和认知性。同时,本课程需要学生全程实践操作并展示分析成果,在此过程中注重引导和培养学生相互交流、沟通的能力,充分发挥主观能动性和沟通表达能力。

2.2　课程实训内容

本次课程以典型新零售企业的数据分析为核心,包括企业近几年的财务指标分析、企业经营状况分析、企业内部控制分析等一系列内容,是一门综合性极强的实训课程。

2.2.1　数据资料来源

本课程实训的首要工作是利用网络等各渠道收集案例企业的资料,了解企业新零售模式的特点、趋势、模式及企业业务、财务方面相关信息。利用平台"MySQL"数据库内置的各数据表导入或直接通过各种 Excel、TXT、CSV 等外部文件输入形成"新建数据表",作为后续分析的基础。

2.2.2　SQL 入门及应用

了解 SQL 语言在数据分析平台中的应用方法,掌握 SQL 语言的基本语法,能够利用 SQL 语句在实训平台中完成数据库的基本操作,并利用数据分析平台进行可视化分析。

2.2.3 数据可视化分析

采用平台数据库资料,利用轻分析数据分析平台进行可视化分析,包括数据建模、数据分析、数据斗方和仪表板四个方面内容。

2.2.4 财务大数据分析综合实训

财务大数据分析综合实训要求学生利用轻分析平台,通过简单的 SQL 语句或相应功能区的拖曳,对平台数据资料进行分析,具体内容至少包括以下 8 个主题:① 销售主题分析;② 采购主题分析;③ 存货主题分析;④ 应收主题分析;⑤ 应付主题分析;⑥ 成本费用主题分析;⑦ 盈利主题分析;⑧ 经营预警主题分析。学生也可不局限于该 8 个主题,发挥自己的积极性和主动性对企业其他业务、财务相关问题进行深入分析。

从会计报表分析角度,可分别进行横向和纵向分析(即企业与行业比较)。具体过程涉及的实训内容包含以下方面:① 偿债能力分析(包含短期偿债能力和长期偿债能力分析);② 营运能力分析;③ 盈利能力分析;④ 发展能力分析。

2.3 课程实训步骤

2.3.1 实训过程安排

在实际课程安排中,可按六个阶段进行。

(1) 第一阶段:引入课程,熟悉平台,利用平台数据库资料或收集新零售企业资料,形成数据源。

(2) 第二阶段:数据可视化分析,涵盖数据建模、数据分析、数据斗方和仪表板。

(3) 第三阶段:SQL 入门,结合一个案例主题,让学生掌握 SQL 基本语法,并熟悉数据分析平台的使用方法。

(4) 第四阶段:选择一个主题授课(建议选择销售主题),相互讨论,运用数据分析平台进行可视化分析,可上台展示。

(5) 第五阶段:参照第四阶段的要求,根据教学需求,选取其他几个主题进行授课。

(6) 第六阶段:综合其他主题,运用数据分析平台进行可视化分析,并撰写综合实训报告,制作 PPT,上台展示。

2.3.2 实训学时与内容安排

财务大数据分析课程实训教学建议总学时为48学时,具体的实验项目、课程内容、应达到的能力要求、任务成果等内容如表2-1所示。

表2-1 课时内容安排计划表

序号	项目名称	课程内容	应达到能力要求	任务成果	课时
1	第1~5章 课程导入及平台介绍	1. 大数据发展背景、应用和价值等; 2. 平台介绍和基础设置、课程目的、内容、要求等概述; 3. 案例背景与分析入门	理解大数据基本概念、特征;了解财务大数据分析平台基本功能和设置;了解案例背景及相关分析数据来源	完成课程导入实训报告	2
2	第6章 数据可视化分析	1. 财务大数据建模; 2. 数据分析; 3. 数据斗方; 4. 仪表板	理解常用的数据建模方法;能够通过数据建模完成各类图表分析,并在数据斗方和仪表板中完成各分析任务	利用教学案例提供的数据完成各类对应的分析实训报告	12
3	第7~8章 SQL简介、基本语法及SQL应用	1. SQL简介及基本语法; 2. SQL在数据建模中的应用	掌握SQL基本语法及常用功能;掌握利用SQL语句建模的方法	用SQL和数据建模功能,完成财务大数据建模实训报告	6
4	第9章 财务大数据分析综合实训——业务分析	1. 举例讲解企业在销售、采购、库存三大业务中的关注要点; 2. 举例讲解营销、采购、库存、加工等环节的关键指标分析	理解并掌握企业营销、采购、库存、加工等环节的关注要点和关键分析指标	完成营销、采购、库存、加工等环节的关键指标体系构建及分析报告	12
5	第10章 财务大数据分析综合实训——财务环节	1. 举例讲解企业应收、应付、资金管理、成本、费用、盈利能力的关注要点; 2. 举例讲解企业应收、应付、资金管理、成本、费用、盈利能力的关键指标分析	理解企业应收、应付、资金管理、成本、费用、盈利能力的关注要点和关键分析指标	完成企业应收、应付、资金管理、成本、费用、盈利能力的关键指标体系构建及分析报告	12
6	第11章 财务大数据分析综合实训——风险预警	1. 举例讲解企业内控及风险预警的关注要点; 2. 举例讲解企业内控及风险预警的关键指标分析	理解企业内控及风险预警的关注要点和关键分析指标	完成风险预警关键指标的实训报告	4
	合计				48

2.4　课程实训报告

课程实训报告是本次课程实训的最主要存档资料,是学生分析讨论成果的反映和体现。每位学生需提交一份完整的实训报告,实训报告内容作为本次课程实训成绩评定参考的重要依据。实训报告的基本要求如下:

(1) 报告内容要求。

第一部分:每次实训课程基础信息介绍,包括课程内容、任务要求和目的等。

第二部分:各主题分析,包括业务指标分析、财务指标分析、趋势分析、综合分析(如前景预测、问题发现等)。

第三部分:财务及经营管理建议,课程总结等。

(2) 报告撰写要求。

要求条理清晰、语句通畅、排版工整、格式规范。

2.5　课程考核方式

财务大数据分析课程的学习考评分为过程性考核和结果性考核,包括大数据分析项目实施所涉及的理论知识和项目演练能力考评。总成绩＝过程性考核成绩＋结果性考核成绩。

(1) 过程性考核。

财务大数据分析课程过程性考核主要包括学习态度(出勤情况、课堂互动等)和学习质量(包括课堂问答、实训报告、案例讨论等),主要考核学生在课程教学和训练过程中对知识和技能的掌握程度。其中,案例讨论部分可以根据报告展示来评价,可由学生将自己所编写的财务大数据分析报告进行汇报,由同学和老师进行综合考核来获取本部分的分数。具体各考核项目如表 2-2 所示。

表 2-2　课程过程性考核设置表

序　号	考核项目	考核内容
1	考勤	考勤等
2	平时作业	实训报告等
3	课堂表现	课堂问答、互动、案例讨论等

(2) 结果性考核。

对于必修课专业学生,需要较为全面深入地掌握该门课程所涉及的各类财务大数据分析方法，可通过期末集中考试进行检验。对于选修课学生，期末可灵活采用适当的方法进行考查，如可利用最终报告展示来评价，可由学生将自己所编写的财务大数据分析报告进行汇报，老师通过综合考查来获取本部分的分数。

第 3 章 平台介绍

3.1 基本情况

云计算、物联网、大数据等新兴技术快速发展,并与财务进行深度融合,对企业的财务管理模式开始产生深远影响,从而引发了企业对财会人员岗位需求和能力要求的变化。现在企业对传统的核算财务需求逐渐降低,对管理会计、云财务、财务大数据等需求逐渐提高。随着财务大数据的发展和企业的重视,相关人才培养迫在眉睫。通过财务大数据分析平台,能让学生学习和掌握财务大数据的收集、挖掘和分析等多方面的知识和能力,增强学生专业核心竞争力,培养财务大数据应用人才。

本课程平台搭载的实验软件为金蝶云星空,是企业级财务大数据实验室平台,也称为运营魔方。平台内配套典型新零售企业业财融合的财务大数据实验案例,通过内置的"轻分析"功能模块或调用 SQL 语句进行财务大数据数据模型的构建,形成各类可视化分析。利用该平台可实现数据可视化分析(指示器、饼图、线形图等)、企业经营状况分析(销售、采购、库存等)、企业财务状况分析(存货、应收应付、成本费用、盈利能力等)和企业内部控制分析(经营预警分析)等企业核心主题的大数据分析,旨在培养学生具备企业经营管理所需的大数据处理与分析能力,能综合运用所学的财务管理理论,结合大数据分析结果,对企业内各业务环节的经营活动进行分析、预测、决策和规划,培养更高级的技术型财务人才和战略型财务人才。

3.2 平台特点

3.2.1 业财融合,智慧呈现

为了助力业财融合的财务大数据人才培养,平台配套了大量典型新零售企业业财融合的财务案例,通过搭建各类模型,即可完成对企业销售、采购、存货、应收、应付、成本费用、盈利和经营预警等各类主题分析,也可以利用企业资产负债表、利润表、现金流量表进行偿债能力、运营能力、盈利能力和发展能力等财务分析,满足多样化的教学需求。

3.2.2　真账实操，对接企业

平台搭载的实验软件为企业级财务大数据实验室平台，它的应用支持多种数据源，包含各种主流数据库、和 Excel、TXT 文件等。因此，既可以利用内置的案例数据，也可以利用外部收集而来的企业真实数据，通过数据整合和业务模型设计，进行大数据分析和报表的制作。简而言之，该平台所用的运营魔方教学版的功能与企业版的功能一样，加上配套的大数据真实案例，学生就可以进行各种财务大数据实验。通过实验，学生掌握的应用知识和应用能力，无缝匹配企业的需要，后期去企业工作即可直接上手应用，大大增加了学生的就业竞争力。

3.2.3　简单易学，数据可视

财务大数据分析平台即运营魔方，是一款支持学生自助设计和分析的图形化、可视化报表智能工具和大数据平台。它简单易学、美观易用，提供多种类型的分析图形，通过简单的拖曳获取，或者简单的 SQL 语句调用，就能设计出高颜值的图形化报表，并具备数据联动、多维度组合筛选、钻取等强大的交互式数据分析能力。平台内还预置了多个主题分析模型和大量分析报表样例，用户可以直接使用或进行个性化修改，满足对财务大数据分析多样化的需求。除电脑以外，还支持在手机、平板、微信等移动端进行报表浏览，只需在手机浏览器中输入服务器的链接地址即可，无须安装其他插件，方便快捷。

3.3　平台规则

使用该系统可以采用系统内配套的企业财务数据案例，也可以自行整理导入其他企业数据案例，无论采用何种案例，都应根据分析目标，进行大数据模型的构建，完成企业销售环节、采购环节、仓管环节、应收应付与资金管理、成本与费用管理、偿债能力、运营能力、盈利能力、发展能力和经营预警等各方面关键指标的构建和分析，完成数据可视化分析、经营状况分析、财务状况分析和内部控制分析，对企业的投资决策、全面预算、内部控制、业绩评价等提出建议。

3.4　模块介绍

本课程采用的平台为金蝶财务大数据分析平台，该教学平台的功能与企业版功能一样，在特定的服务器范围内，利用金蝶云星空账号和密码即可登录至平台的工作台。通过工作台展示内容来看，共包含"财务会计(报表)""零售管理(连锁档案、报表中心)""生产制造(智慧车间 MES)""流程中心(信息中心)""经营分析(轻分析)"五个模块(见图 3-1)。在教学实际中主要利用"经营分析"下的"轻分析"模块进行各类大数据分析。

图 3-1　财务大数据分析平台模块构成

"轻分析"是进行各类数据分析的平台,也是财务大数据分析的核心模块,该模块是由金蝶公司自主研发的,拥有独立知识产权和核心技术的数据云计算引擎和数据可视化平台,是一个能够为操作人员提供轻建模、多维度、高性能的数据分析和数据探索平台。

"轻分析"包含主题式分析和嵌入式分析两个应用场景。其中主题式分析是轻分析的数据可视化和商业智能全栈套件,它让用户不受限于业务系统所提供的固定报表内容,能够任意连接一切可获得的企业数据资产,自由探索和发现其中的业务规律和价值,并且支持数据分析内容的发布和授权。本课程涉及的主题式分析主要包括"数据建模""数据分析""数据斗方"和"仪表板"四个子模块(见图 3-2)。

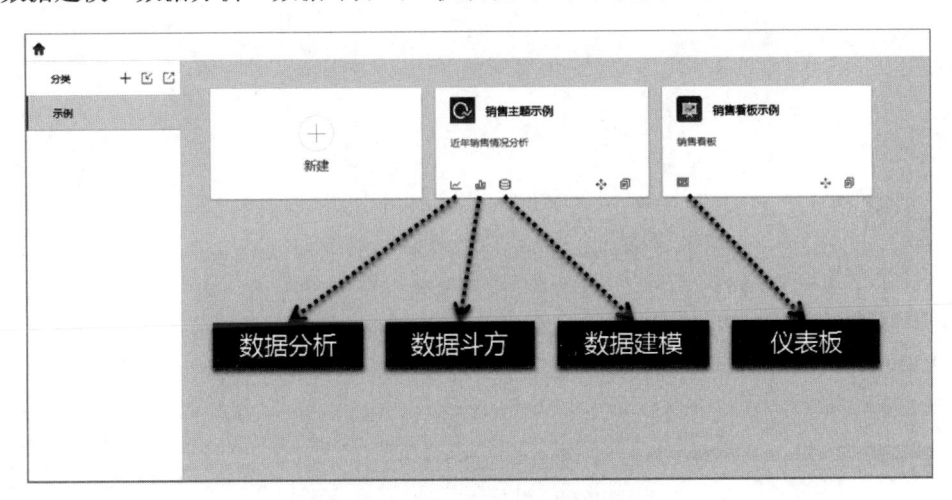

图 3-2　"轻分析"平台模块构成

3.4.1 数据建模

用于为数据分析和数据斗方进行数据源的准备。数据建模支持多种数据源,包括实体模型、当前数据中心、SQL Server、Oracle 等各种关系型数据库、Excel、CSV 等各种平面数据文件以及 Open API。

3.4.2 数据分析

面向业务用户的数据分析和数据可视化工具。通过数据分析,业务用户可以高效地对业务数据进行分析探索,快速创建自己所关注的数据分析内容。

3.4.3 数据斗方

轻分析的卡片设计工具。通过数据斗方,业务用户可以自由创作和使用各种数据可视化卡片。

3.4.4 仪表板

仪表板为可视化展示工具。支持对数据斗方、网页、文字及组合卡片等组件进行综合布局,并可定义组件数据更新频率;支持将仪表板发布到应用菜单、轻分析中心和移动轻应用并授权给指定用户或角色;支持大屏展现。让用户可以在同一屏幕上集中展现、比较和监视一组特定的数据内容。同时,仪表板还提供筛选、钻取、再分析等交互操作。

第 4 章　基础设置

基础设置的目的是为后续系统的日常运营和使用做好基础工作,主要包括账套的设置和用户的导入。

4.1　账套设置

财务大数据分析平台在正式启用前需要先设置账套,新账套的设置主要通过利用系统预设的、已有的账套备份而来。账套设置过程包括账套备份存储—提取恢复—测试连接三个过程。

4.1.1　进入账套设置中心

(1) 以管理员身份登录系统管理。

打开金蝶云管理中心网页(网址:http://10.60.174.204:8000),利用管理员账号登录系统(用户名:Administrator,密码:888888)(见图 4-1)。

图 4-1　"管理中心"登录界面

(2) 进入数据中心列表。

① 登录管理系统后界面如图 4-2 所示,点击页面左上角的图标"▉",打开"主控

台"菜单,点开后即出现"数据中心管理"页面,包含"数据中心""许可中心""监控中心"等5项子菜单。

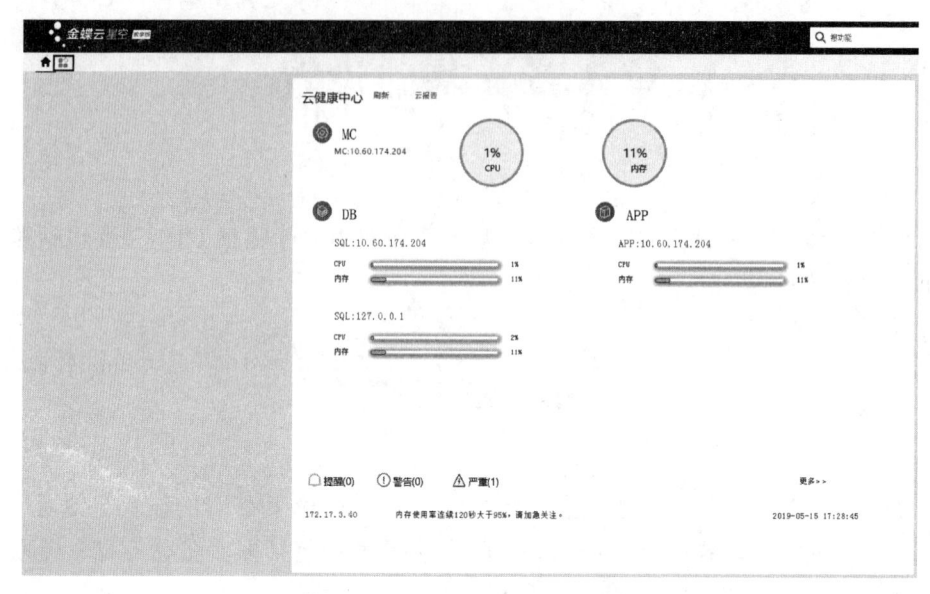

图4-2 "管理中心"登录后的界面

② 执行"数据中心管理"|"数据中心"|"数据中心列表"命令,如图4-3所示,打开"数据中心列表"管理页面。

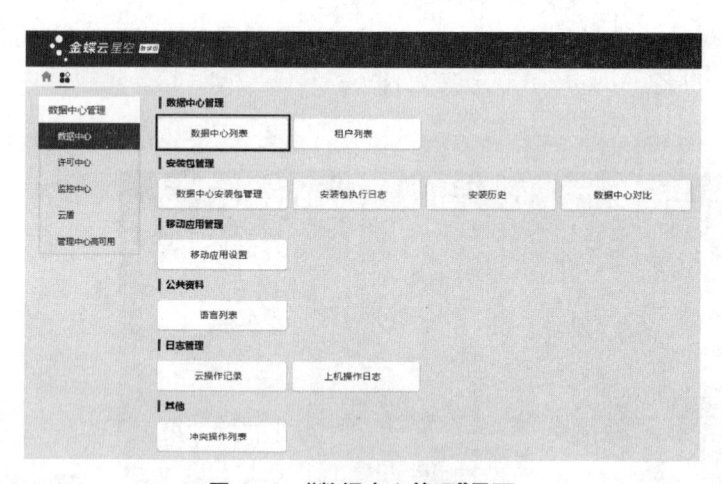

图4-3 "数据中心管理"界面

4.1.2 备份存储账套

(1) 选择并备份账套。

在"数据中心列表"页面鼠标单击选中一个需要参照的账套模板,此处以"19级本科会计学1班"为例(即以19级本科会计学1班为模板,复制形成一个新的账套,如19级本科会计2班),点击上方菜单栏中的"备份"下的"备份"按钮,系统弹出"数据中心备份"窗口(见图4-4和图4-5)。

图4-4 "数据中心列表"备份功能

图4-5 "数据中心备份"界面

(2) 设置账套信息。

在"数据中心备份"下找到拟备份的账套,进行账套信息设置和修改,其中"数据库类型""备份服务器"和"备份文件名称"采用系统默认值;向右拖曳窗口,"数据库管理员"账号输入 sa,密码输入 ABCabc123(见图4-6)。

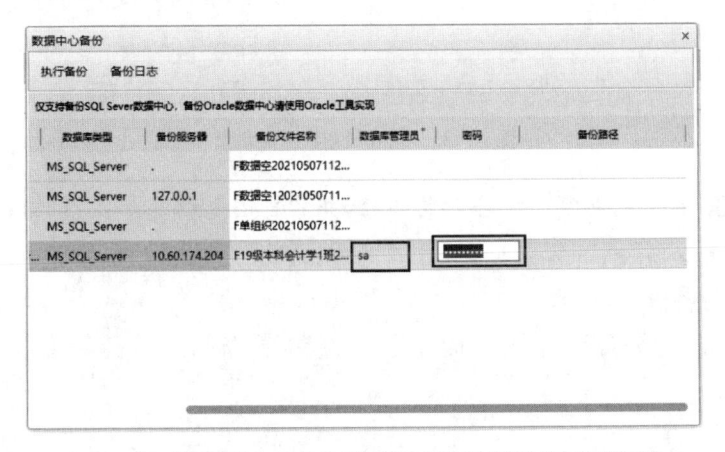

图4-6 "数据中心备份"中"数据库管理员"和"密码"设置

· 17 ·

点击"备份路径"输入框,出现"…",单击后进入存储路径选择页面,选择"D:\财务大数据课程账套备份\"作为存储路径(见图4-7和图4-8)。

图4-7 "数据中心备份"中"备份路径"设置页面

图4-8 "备份路径"选择设置

注意 此处的路径为服务器的路径,并非自己电脑的路径,请选择"D:\财务大数据课程账套备份\",然后点击左上角的"确定"。

(3)执行备份。

选择好备份路径后,单击页面左上角的"执行备份",等待账套备份完成(见图4-9)。

图 4‑9 "数据中心备份"中"执行备份"设置

(4) 备份成功。

当账套备份完毕并成功后弹出"备份成功！是否继续备份？"的提示对话框。如果需要继续备份，选择"是"；否则点击"否"(见图 4‑10)。

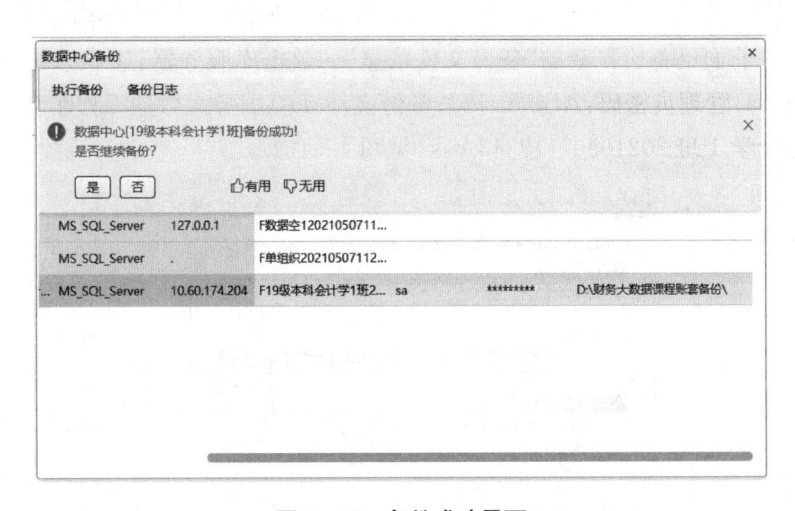

图 4‑10 备份成功界面

4.1.3 账套提取恢复

(1) 重复 4.1.1 操作，进入"数据中心列表"。打开金蝶云管理中心网页(网址：http://10.60.174.204:8000)，以用户名 Administrator、密码 888888 登录系统，在登录后的页面点击"主控台"|"数据中心管理"|"数据中心列表"。

(2) 执行恢复账套。执行"数据中心列表"上方的"恢复"菜单栏，弹出"恢复 SQL Server 数据中心"窗口(见图 4‑11)。

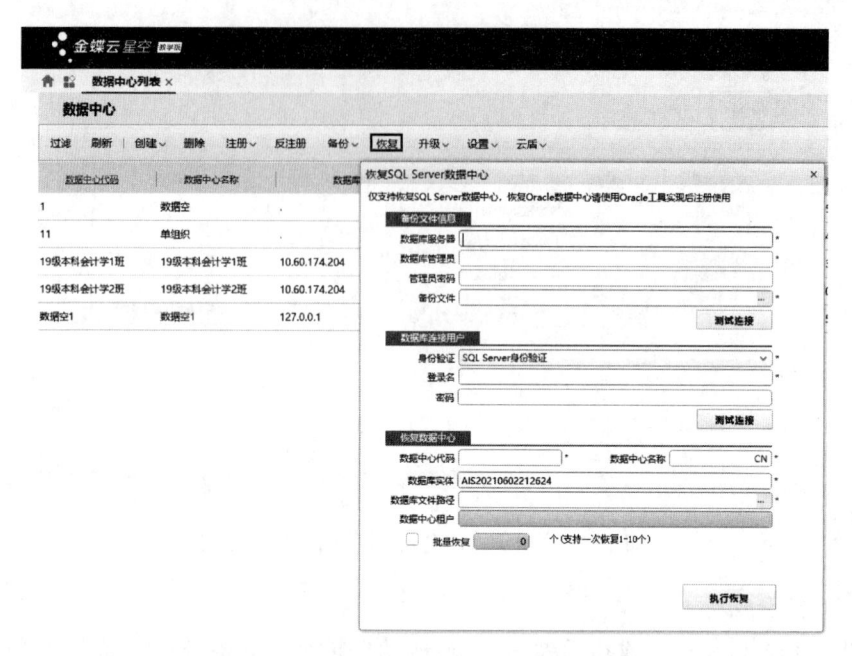

图 4‑11 "数据中心列表"中的"恢复"功能

（3）选择恢复指定账套。在"恢复 SQL Server 数据中心"|"备份文件信息"各信息栏中输入前面已备份账套的"备份文件信息"。数据库服务器：10.60.174.204；数据库管理员：sa，管理员密码：ABCabc123；备份文件：D:\财务大数据课程账套备份\F19级本科会计学 1 班 20210507112343.bak（见图 4‑12）。

图 4‑12 "恢复 SQL Server 数据中心"中"备份文件信息"设置

注意 此处的"备份文件"一定是之前已经备份并存储在服务器内的账套，选择的时候点击"备份文件"右侧"…"，选择备份文件为：D:\财务大数据课程账套备份\

F19级本科会计学1班20210507112343.bak,并点击"确定"(见图4-13)。

图4-13　恢复备份文件路径的选择

4.1.4　连接测试账套

(1) 备份文件信息。

点击"备份文件信息"|"测试连接",显示"数据库管理员'sa'连接数据库服务器'10.60.174.204'成功!"即可(见图4-14)。

图4-14　"备份文件信息"测试连接成功

(2)数据连接用户。

"身份验证"保持系统默认的"SQL Server 身份验证";"登录名"处输入 sa,"密码"处输入 ABCabc123,然后点击"数据库连接用户"下的"测试连接",显示"用户'sa'连接数据库服务器'10.60.174.204'成功!"即可(见图 4-15)。

图 4-15 "数据库连接用户"测试连接成功

4.1.5 恢复数据

完成"恢复数据中心"设置(见图 4-16),此处的数据中心实际上指的是引入系统的目标账套(即新形成的账套)。

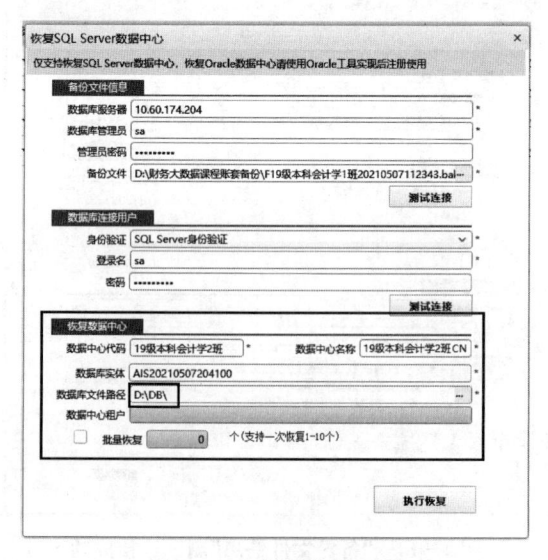

图 4-16 数据恢复设置

(1)"数据中心代码",即账套名称,可根据需要设置,此处可设置为"19级本科会计学2班";

(2)"数据中心名称",必须与数据中心代码保持一致,此处同为"19级本科会计学2班";

(3)"数据库文件路径",点开"..."选择"D:\DB\";

(4)点击页面右下角的"执行恢复"按钮;

(5)页面出现"数据中心'19级本科会计学2班'恢复成功!"字样,表示"19级本科会计学2班"账套设置成功。

🔊 注意

第一,如果平台中已储存有模板账套,则可跳过"4.1.2 备份储存账套"部分,直接进行账套提取和连接测试,并且当一次性需要新建多个账套时,可以在"恢复数据中心"中选择"批量恢复"并设置对应的数量(此处以3个为例)。

第二,重复4.1.3和4.1.4操作,完成账套提取和测试连接。

第三,在"恢复数据中心"进行相关数据设置。此处可以将"数据中心代码"设为"19会计3班","数据中心名称"相同;"数据库文件路径"依旧设置为"D:\DB\";同时选中"批量恢复",后面的数量根据实际需要填写(此处填"3"),点击执行恢复(见图4-17)。

图4-17 账套批量恢复设置

第四,恢复成功。由于是批量恢复的,所以在提示复制成功的界面中不会出现具体的账套名称,而会显示"无数据中心恢复成功!是否继续恢复?",即为恢复成功。如果需要继续,选择"是";不需要则选择"否"(见图4-18)。

图 4-18　账套批量恢复成功界面

第五，账套批量恢复成功后的"数据中心列表"。在图 4-18 所示的界面中选择"否"，即出现所需的数据列表图（见图 4-19）。

图 4-19　账套批量恢复成功后的"数据中心列表"

第六，修改账套名称。由于批量恢复的账套名称相同，因此需要对账套进行名称修改，鼠标单击选中拟修改名称的账套，点击该账套名称（蓝色字体），可直接进行名称修改，本例改为"19 会计 4 班"（见图 4-20）。

第七，删除账套。当恢复时不小心多恢复了，需要删除账套时，执行"数据中心列表"|"删除"功能，即可出现"数据中心删除"窗口，这时需先将该账套的"数据库管理员"和"密码"设置完整（分别为 sa,ABCabc123），再点击左上角的"执行删除"。此时界面会弹出"删除前是否进行备份？"的提示，用户可以根据需要选择"是"或"否"，本例选择"否"，弹出对应的提示框，单击"确定"，即完成账套删除（见图 4-21～图 4-23）。

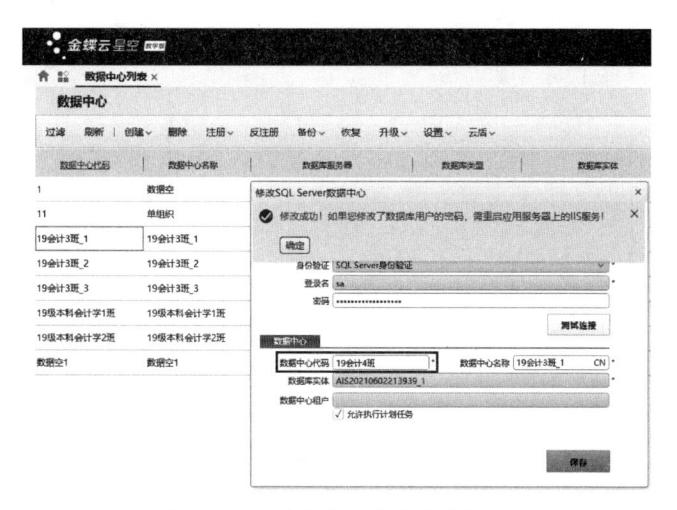

图 4‑20 账套名称修改成功界面

图 4‑21 "数据中心删除"界面

图 4‑22 "数据中心删除"备份提示

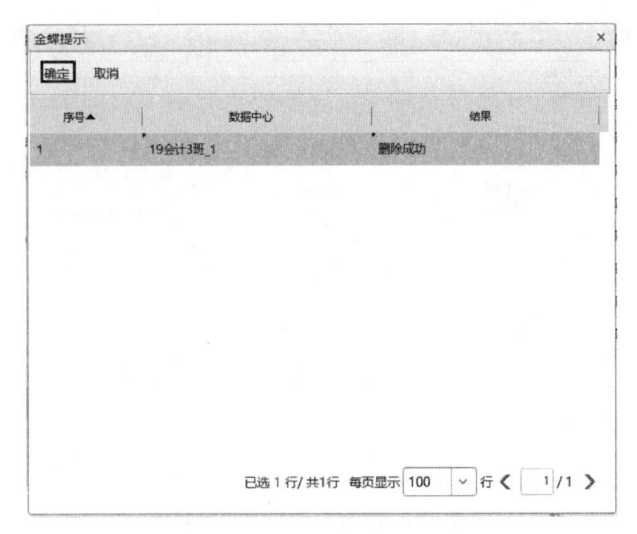

图 4-23 "金蝶提示"界面

4.2 用户导入

账套设置完毕后,还需要为账套导入并设置对应的用户(本平台师生账户没有区别,设置方法和权限相同),才能保证后续课程的顺利开展。本平台用户的导入方式有两种:逐个新增导入和批量新增导入。

4.2.1 逐个新增导入

(1) 以管理员身份登录"金蝶云星空账号"(网址 http://10.60.174.204/k3cloud,用户名:Administrator,密码:888888),注意选择正确的账套,本次以 19 级本科会计学 1 班为例(见图 4-24)。

图 4-24 "金蝶云星空账号"登录界面

（2）进入用户管理。登录系统后点击页面左上角的图标打开"主控台"，执行"系统管理"|"系统管理"|"用户管理"|"查询用户"，如图 4－25 所示，进入用户管理界面。

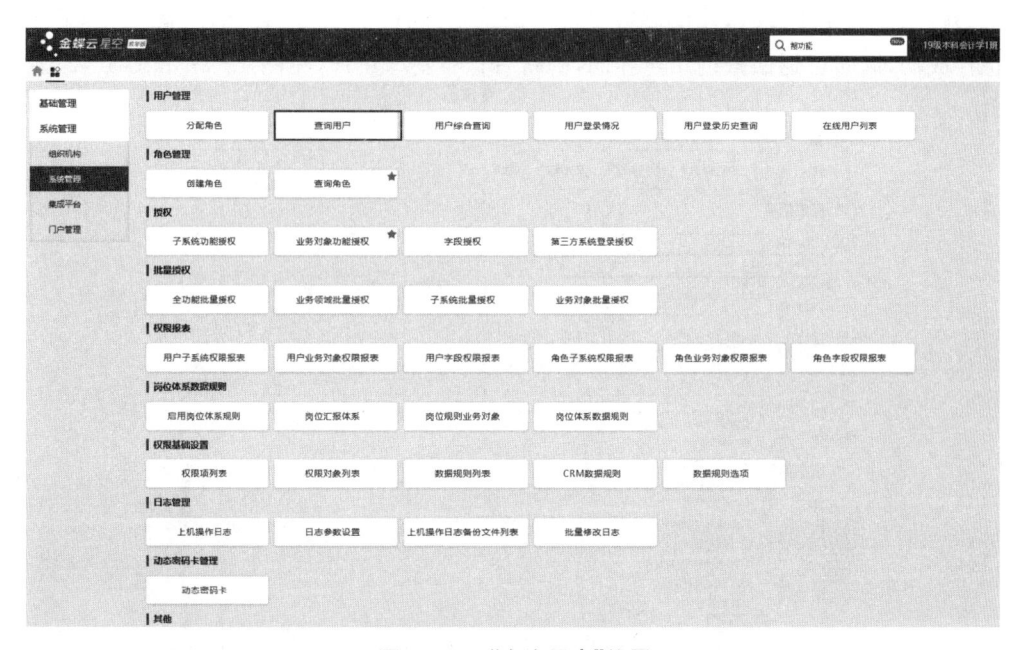

图 4－25　"查询用户"位置

（3）新增用户。在"查询用户"页面，点击上方菜单栏中"新增"下的"新增"按钮，如图 4－26 所示，出现"用户—新增"界面。

图 4－26　"查询用户"界面

（4）输入基本信息。在"用户－新增"界面填写拟增加用户的信息，包含"基本信息""注册用户许可分组"和组织角色。其中,"基本信息"中的"用户名称"为必填项,本例将"用户名称"设置为"011",性别"男"。"许可分组"统一勾选为"轻分析",最后点击上方的"保存"按钮。在弹出界面中点击"确定",显示"当前用户没有分配角色,会影响用户的使用权限,建议设置角色!确认要保存?"本例直接选择"确定"即显示保存成功,同时可返回查询用户界面,刷新后查看新增用户(见图4-27和图4-28)。

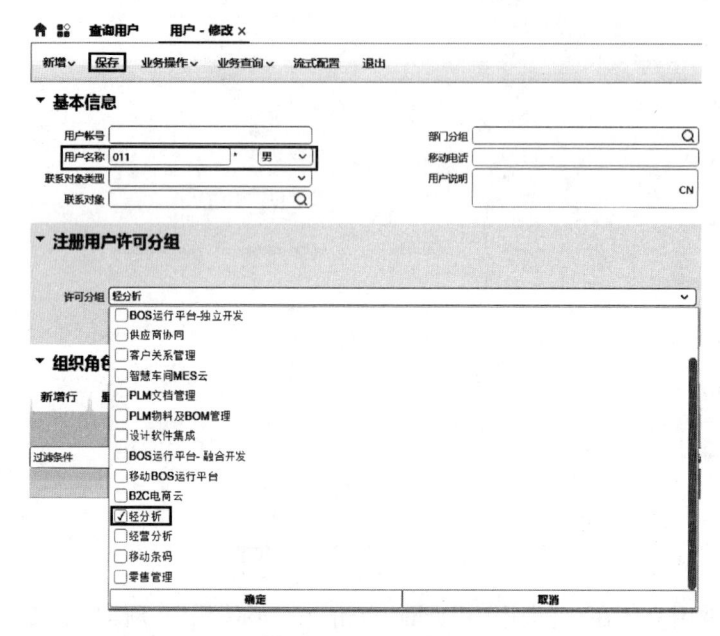

图4-27 新增用户信息设置

图4-28 新增用户后的"查询客户"界面

4.2.2 批量新增导入

(1)以管理员身份登录"金蝶云星空账号"(网址 http://10.60.174.204/k3cloud,用户名:Administrator,密码:888888),注意选择正确的账套,本次以19级本科会计学1班为例。

(2) 进入用户管理。登录系统后点击页面左上角的图标打开"主控台",执行"系统管理"|"系统管理"|"用户管理"|"查询用户",进入用户管理界面。

(3) 导出表格模板。执行"查询用户"|"选项"|"引出"|"按引入模板引出",弹出"文件下载"窗口,点击"下载"(见图 4-29 和图 4-30)。

图 4-29　模板下载设置

图 4-30　模板下载界面

(4) 表格修改制作。打开下载的表格模板,打开"用户♯用户(FBillHead)"工作表,注意查看和修改完成"＊用户(序号)""＊(用户)用户名称""(用户)许可分组""＊组织范围(序号)""(组织范围)组织编码♯名称""(组织范围)组织名称"6 列后,其他保持默认值,保存并关闭。

注意　表格模板设置具体如下:

第一,"＊用户(序号)"列,此处的数字不能重复,如本次可以选择从"112275"往后顺延,也可以选择从"114001"往后顺延;

第二,"＊(用户)用户名称"列,此处的名称不能重复,本次选择从"007"往后顺延(实际教学中可使用学生学号作为用户名);

第三,"(用户)许可分组"统一选择"轻分析";

第四,"*组织范围(序号)"此处数字不能有重复,本次选择从"100017"往后顺延;

第五,"(组织范围)组织编码#名称",即所在账套名称,本次统一为"19级本科会计学1班"。

第六,"(组织范围)组织名称"与"(组织范围)组织编码#名称"相同,本例也统一为"19级本科会计学1班"(见图4-31)。

图4-31 Excel表格设置示例图

(5)导入数据表格,执行"查询用户"|"选项"|"引入"|"引入",弹出"数据引入"窗口,"引入模式"一般选择"追加",选择上述操作中保存的数据表,点击"引入数据"即可(见图4-32和图4-33)。

图4-32 数据表引入操作界面

图 4-33　数据表引入界面

🔊**注意**　账号导入成功后,所有用户的初始密码均为"888888",待用户第一次使用自己的账号和密码登录系统后(链接:http://10.60.174.204/k3cloud,"金蝶云星空"),系统会提示更改密码,用户更改密码后重新登录系统即可正常使用本平台。

第5章　案例背景与分析入门

5.1　深入了解新零售行业

近年来,由于电子商务在我国迅速崛起,传统的实体商场超市、百货等业态受到巨大的冲击,很多店铺持续亏损,导致很多零售企业倒闭。在业绩不断下滑的严峻境况下,传统零售企业相对电子商务来说一直面临成本高、竞争大、回报低、难扩张等问题。在此背景下,2016年11月,杭州云栖大会上首次提出了"五新"理论——新零售、新制造、新金融、新技术、新资源。自此,"新零售"已经成为我国零售行业的一股热潮,席卷线上线下,尤其是在全国经济发展放缓、实体零售企业面临低增长和负利润的严峻挑战下,探讨出一种通过线上与线下一体化发展,助推电商平台和实体零售店面在商业维度上的优化升级,促成价格消费时代向价值消费时代的全面转型,已成为零售行业发展的必经之路。

新零售完全区别于传统零售,也有异于零售电商,其英文是 New Retailing,即个人、企业以互联网为依托,通过运用大数据、人工智能等先进技术手段,对商品的生产、流通与销售过程进行升级改造,进而重塑业态结构与生态圈,并对线上服务、线下体验以及现代物流进行深度融合的零售新模式。

5.1.1　新零售行业特征

我国新零售行业从概念提出距今已有5年多的时间,形式多样,尽管没有形成统一的共识,但行业已呈现出一些共性特点,主要体现在四个方面。

（1）生态性。

"新零售"的商业生态构建将涵盖网上页面、实体店面、支付终端、数据体系、物流平台、营销路径等诸多方面,并嵌入购物、娱乐、阅读、学习等多元化功能,进而推动企业线上服务、线下体验、金融支持、物流支撑等四大能力的全面提升,使消费者对购物过程便利性与舒适性的要求能够得到更好的满足,并由此增加用户黏性。当然,以自然生态系统思想指导而构建的商业系统必然是由主体企业与共生企业群以及消费者所共同组成的,且表现为一种联系紧密、动态平衡、互为依赖的状态。

(2) 无界化。

企业通过对线上与线下平台、有形与无形资源进行高效整合,以"全渠道"方式清除各零售渠道间的种种壁垒,模糊经营过程中各个主体的既有界限,打破过去传统经营模式下所存在的时空边界、产品边界等现实阻隔,促成人员、资金、信息、技术、商品等的合理顺畅流动,进而实现整个商业生态链的互联与共享。依托企业的"无界化"零售体系,消费者的购物入口将变得非常分散、灵活、可变与多元,人们可以在任意的时间、地点以任意的可能方式,随心尽兴地通过诸如实体店铺、网上商城、电视营销中心、自媒体平台甚至智能家居等一系列丰富多样的渠道,与企业或者其他消费者进行全方位的咨询互动、交流讨论、产品体验、情境模拟以及购买商品和服务。

(3) 智慧型。

"新零售"商业模式得以存在和发展的重要基础,正是源于人们对购物过程中个性化、即时化、便利化、互动化、精准化、碎片化等要求的逐渐提高,而满足上述需求则在一定程度上需要依赖于"智慧型"的购物方式。可以肯定,在产品升级、渠道融合、客户至上的"新零售"时代,人们经历的购物过程以及所处的购物场景必定会具有典型的"智慧型"特征。智能试装、隔空感应、拍照搜索、语音购物、VR 逛店、无人物流、自助结算、虚拟助理等图景都将真实地出现在消费者眼前,甚至获得大范围的应用与普及。

(4) 体验式。

随着我国城镇居民人均可支配收入的不断增长和物质产品的极大丰富,消费者主权得以充分彰显,人们的消费观念将逐渐从价格消费向价值消费进行过渡和转变,购物体验的好坏将愈发成为决定消费者是否进行买单的关键性因素。现实生活中,人们对某个品牌的认知和理解往往会更多地来源于线下的实地体验或感受,而"体验式"的经营方式就是通过利用线下实体店面,将产品嵌入所创设的各种真实生活场景之中,赋予消费者全面深入了解商品和服务的直接机会,从而触发消费者视觉、听觉、味觉等方面的综合反馈,在增进人们参与感与获得感的同时,也使线下平台的价值得以进一步体现。

5.1.2 新零售行业发展要点

在新零售时代,线上线下的壁垒将逐渐消失,模式和渠道也不再是影响零售发展的主要因素,用户开始占据商业模式的中间位置,一切的商业都将围绕消费者这一核心展开,以用户为核心将不再是一句口号,而是行业的共识。从当前国内的新零售大环境以及特点来看,需从四个方面进行着重提升。

(1) 线上线下,深度融合。

之所以消费者会从实体店逐渐转向线上电商,从而使得线下零售遭遇到了前所未有的危机,其中的原因其实很简单:体验差、价格低。因此,要充分发挥线上和线下的各自优势,将商品价格、购物体验以及产品质量统一,呈现出专业化、统一化的产品和服务,满足大众消费。

(2) 社区引领,精细运作。

一种新的商业形态形成必然会对现有的商业秩序带来冲击,当初大型综合超市开始兴起的时候,一大批小超市开始倒闭,现在这些大型的商业超市也要面临来自社区小型零售体的挑战。新零售需在社区消费的模式引领之下,着手商业体的布局,通过精细化运营的小型门店引领社区生活。

(3) 体验消费,品质服务。

不仅仅是零售的模式,消费者需求也开始出现很大的变化,追求个性化、多元化成为新的消费趋势。因此,体验式的消费、个性化的服务成为新零售行业发展的重中之重,通过品质服务吸引激发消费者购买潜力,也帮助零售企业快速发展壮大。

(4) 技术融合,智慧发展。

互联网、云计算、大数据、人工智能等新技术的不断发展给行业注入了高速增长的动力。新零售要在新技术的支撑之下,从商品生产到消费,实现有效的智能监控,努力实现"零库存"经营,对零售行业起到减负的作用,带动整个行业朝着智能化、科技化的方向发展。

5.1.3 新零售行业发展趋势

新零售行业目前涉及的领域已经从商超百货向各行业渗透,如母婴行业、家居行业、医药行业、家电行业等。总体而言,与其说新零售在改变这些传统零售行业,不如说是消费环境和消费群体的变化在推动下游行业的改革,促使它们拥抱互联网、接受新技术,进行自身的改革,而这种改革即可理解为新零售。

因此,线上线下融合是新零售未来发展的大趋势,无论是阿里巴巴还是京东,都在不断地发展线下。京东在发展自营物流并且逐步完善,淘宝也在线下加强云仓库和自营菜鸟物流的建设。而且用户对电商的商品和用户体验的要求也越来越高,纯电商的企业已经很难适应现今的市场,故零售业的未来必然是线上和线下的一体化,二者优势互补。

简而言之,新零售行业未来的大趋势是企业利用互联网和大数据,以实体门店、电子商务、移动互联网为核心,通过融合线上线下,实现商品、会员、交易、营销等数据的共融互通,将向顾客提供跨渠道、无缝化的购物体验。

5.2 企业实施方法论

实施方法论是软件系统实施的一套系统化的规范和方法,包括软件系统实施的逻辑步骤及其与之相关实施的过程维、方法维、保证维的因素组成的综合知识体系。

5.2.1 主体框架

本课程搭载的软件为企业级平台,通过本节课程,了解企业真实数据分析项目的完整实施流程以及方法,包括项目准备、蓝图设计、系统实现和验收交付四个阶段(见图 5-1)。

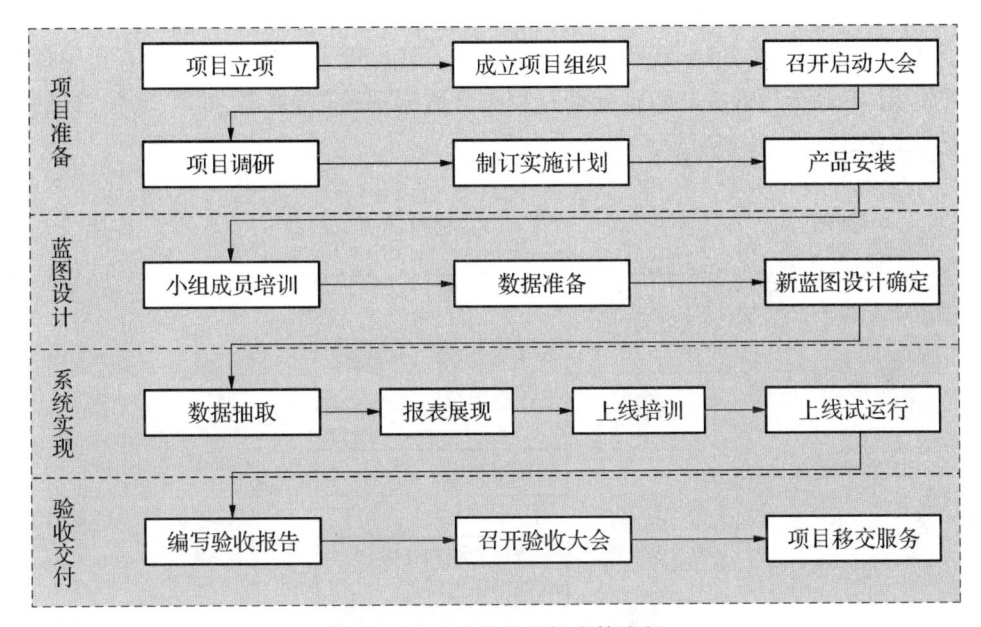

图 5-1 企业数据分析完整流程

(1)项目准备。项目准备的目的是为了制订初步的计划,以及为项目的实施做好必要的准备。其包括这样几项工作:项目立项、成立项目组织、召开启动大会、项目调研、制订实施计划、产品安装。

(2)蓝图设计。蓝图设计是为了设计客户或部门的业务需求在系统中如何运转、实现,因此需要了解客户或部门的现状与需要,为他们设计业务流程及报表体系。

(3)系统实现。系统实现阶段的目的是根据当前所设计的蓝图,在软件平台中实现未来的需求,因此需要进行配置、测试、培训及试运行等工作。

(4)验收交付。验收交付阶段需在软件平台成功实施后才能进行。验收通过之后,需要编写相应的验收报告,并进行项目的移交。

5.2.2 数据获取

网络上的数据量越来越大,单靠浏览网页获取信息越来越困难,如何有效地提取并利用信息已成为一个巨大的挑战。"轻分析"内的"数据建模"就是为数据源做准备的模块,该模块可支持多数据源获取数据,并可同时从多个数据源获取,混搭使用,满足企业多数据源收集的现状。该系统支持数据库、平面数据文件和 OpenAPI 等多种形式。其中,数据库包括 Microsoft SQL Server、Oracle、MySQL、PostgreSQL、DB2、Hive、TeraData 等各种关系型数据库;平面数据文件包括 Excel 文件、CSV 文件、Txt 文件等。此外,"数据建模"还可以利用定时更新数据功能,更新数据模型,便于分析、查询者随时访问最新的数据。

5.2.3 数据处理

通过外源获取的数据,还需要按照分析目的进行进一步的整理才能真正发挥数据的作用,提高分析效率。数据处理过程包含数据源获取、处理、抽取/转换、存储四个步骤,具体如图 5-2 所示。

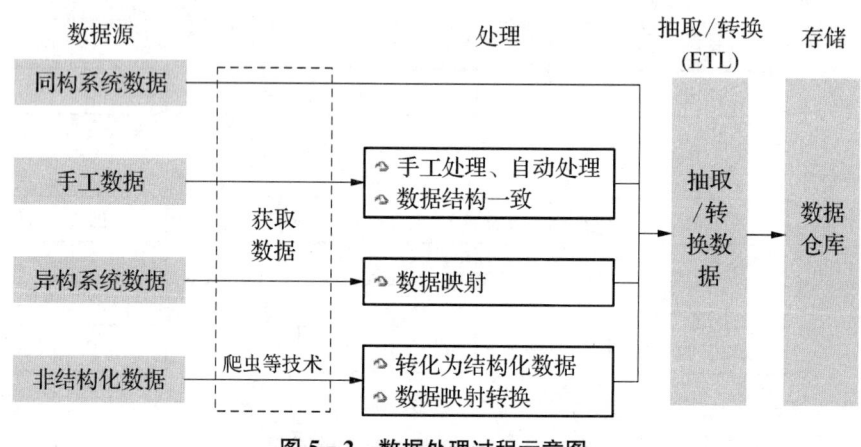

图 5-2 数据处理过程示意图

(1) 数据源。

数据源包括同构系统数据、手工数据、异构系统数据和非结构化数据四种不同类型数据。

(2) 处理。

同构系统数据不需要特殊处理,手工数据由于存在数据来源于多个系统,每个系统的数据格式千差万别,无法开放数据源直接对接功能(数据隐私安全)等原因,需要经过手工或自动处理,将数据结构调整为一致。异构系统数据由于数据长度不一致、数据类型不一致、字段名称不一致、编码方式不一致等,需要经过数据映射或数据转换,通过搭建映射关系完成数据处理。非结构化数据来源包括短信、邮件、IM 消息、网页等,需先利用爬虫技术进行数据抓取,把非结构化数据转成结构化数据,再利用 SQL 语句、大数据处理方法、编程等完成数据映射,形成目标数据库(见图 5-2)。

(3) 数据抽取或转换。

数据抽取即数据清洗,该任务是找出不符合要求的数据,并进行处理。数据清洗是一个反复的过程,每次都应由用户来判断,主要是对不完整的数据(如必要的信息缺失)、错误的数据(如业务系统不健全造成的数据录入错误)和重复的数据(如多维度表中数据记录重复)进行筛选、确认和处理。在异构系统、手工处理中占据大量工作,可以通过编写处理工具,加手工处理来实现。

数据转换的任务主要是进行不一致的数据转换、数据粒度的转换和一些业务规则的计算。其中不一致的数据转换是指在数据整合的过程,将不同业务系统的相同类型的数据统一;数据粒度的转换是在数据库中根据分析的需求粒度进行聚合转换;业务规则的计算则是将不同企业、不同业务规则和数据指标通过计算整理后形成统一的衡量标准再导入数据库。

(4) 存储。

将前面经过一系列加工处理之后的数据导入数据仓库,形成目标数据库,以供后续的分析使用。

5.2.4 数据分析

首先,构建企业各经营环节的分析体系,掌握企业各经营环节的关注要点和关键指标;其次需掌握数据解读和决策分析的能力与方法;最后,构建分析模型开展具体分析,完成分析目标和主题。

(1) 分析体系。

财务大数据平台利用典型新零售企业业财融合的财务案例展开分析,包括对企业经营状况分析、企业财务状况分析、企业内部控制分析,涵盖8大主题分析(见图5-3)。

图 5-3 基于业财融合的财务主题分析构成

(2) 分析指标。

财务大数据课程以新零售企业的数据分析为核心,可利用资产负债表、利润表和现金流量表,构建偿债能力、营运能力、盈利能力、发展能力等各类财务指标,完成各类财务分析。

(3) 分析方法。

在具体分析过程,可从财务管理和管控企业的业务角度开展分析,通过决策分析九个方法(见图5-4)所提到的思路和手段开展分析。

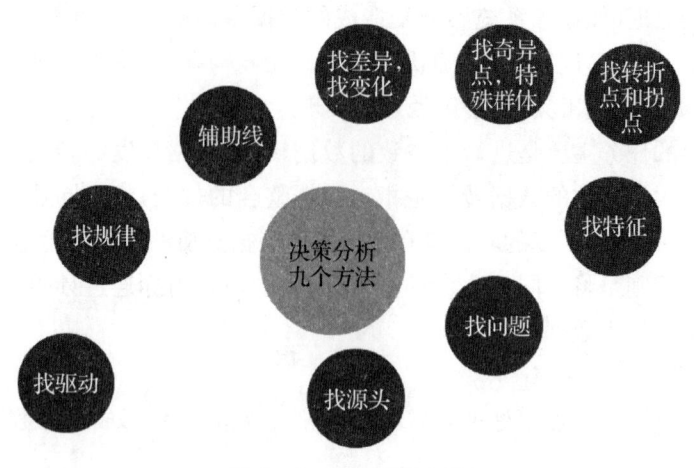

图 5-4 决策分析方法

(4) 模型构建。

模型构建包括"选择业务过程""选择粒度""识别维度"和"选择事实"四个步骤。其中，维度的识别为重中之重，以新零售行业为例，这些维度包括用户维度、产品维度、优惠券维度和时间维度，通过提取各维度的"键"和一些重要的分析指标，整合为一个包含"时间键""用户键""优惠券键""产品键"和"销售数量""销售金额"的事实表，就构成了分析所用的"星型模型"(见图 5-5)。

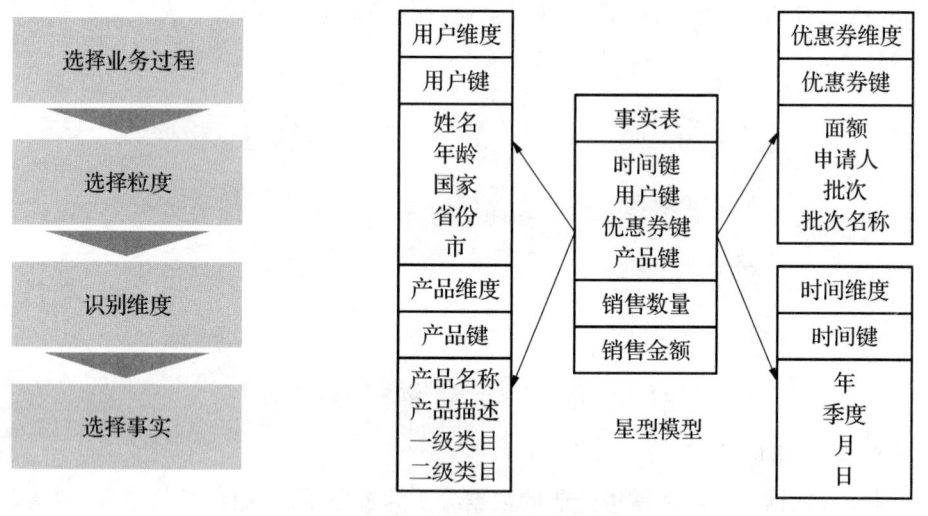

图 5-5 模型构建示意图

第 6 章 数据可视化分析

6.1 数据建模

6.1.1 背景分析

随着数据复杂性的增加,模型的复杂性也随之增加,因而业务系统间的**数据流通和分析结果的可视化**对企业来说是困难也是关键。数据的可视化可以将取得的复杂分析结果以丰富的图标信息的方式呈现给读者。同时,分析人员需要对目标活动有深刻的了解,以便更好地进行可视化的展示。

数据建模用于为数据分析和数据斗方进行原始数据的准备。

6.1.2 知识点讲解

数据表关系建立。数据表之间通过关键词存在关联关系,在数据建模环节建立数据表之间的关系,有利于后续数据分析和数据斗方的设计。关于数据表关系的建立,有如下几点需要注意:

(1) 数据关系通过数据表之间的关键词建立。关键词,即两张数据表的相同字段,该关键词必须具有相同的数据类型。

(2) 数据关系的类型存在"一对多""多对一",以及"一对一"三种。其中的"一"代表该关键词在数据表中为唯一值,"多"代表该关键词在数据表中为非唯一值。

(3) 数据关系建立的上限为 $N-1$,N 为数据表的数量。

(4) 数据表之间建立关系之后,在进行数据分析、数据斗方处理时,可随意进行跨表数据的选取和分析。

任务一 数据建模

1. 任务目的

(1) 从 MySQL 中导入数据表;
(2) 建立数据表之间的关系;
(3) 为后续数据分析和数据斗方建立数据基础。

2. 任务内容

如何在金蝶云星空平台—数据建模中,通过 MySQL 数据库导入数据表?如何分析数据表之间的关联关系？如何建立数据表之间的关系？

3. 任务准备

(1) 建立账套；

(2) 导入学生账号；

(3) 准备网址。

4. 任务要求

(1) 从 MySQL 中导入数据表；

(2) 建立数据表之间的关系。

5. 任务操作指导

(1) 输入网址：http://10.60.174.204/k3cloud，打开金蝶云星空网页端登录界面，选择"金蝶云星空账号"类型，选择本组织账套，输入登录名：××××××（学号），密码：888888，单击"登录"（见图6-1）。

图6-1 登录财务大数据分析平台

注意 初始密码为888888，第一次登录后，系统会自动提示修改密码，需修改。

(2) 单击左上角"▦"，进入功能菜单界面（见图6-2）。

图6-2 进入功能菜单界面

(3) 执行"经营分析"|"轻分析"|"分析平台"|"轻分析"命令,打开数据分析页面(见图 6-3)。

图 6-3 执行"轻分析"命令

(4) 单击左上角"＋",添加分类并命名为"分析入门"(见图 6-4)。

图 6-4 新建"分析入门"

(5) 单击"新建",创建一个业务主题,命名为"数据分析-演示"(见图 6-5 和图 6-6)。

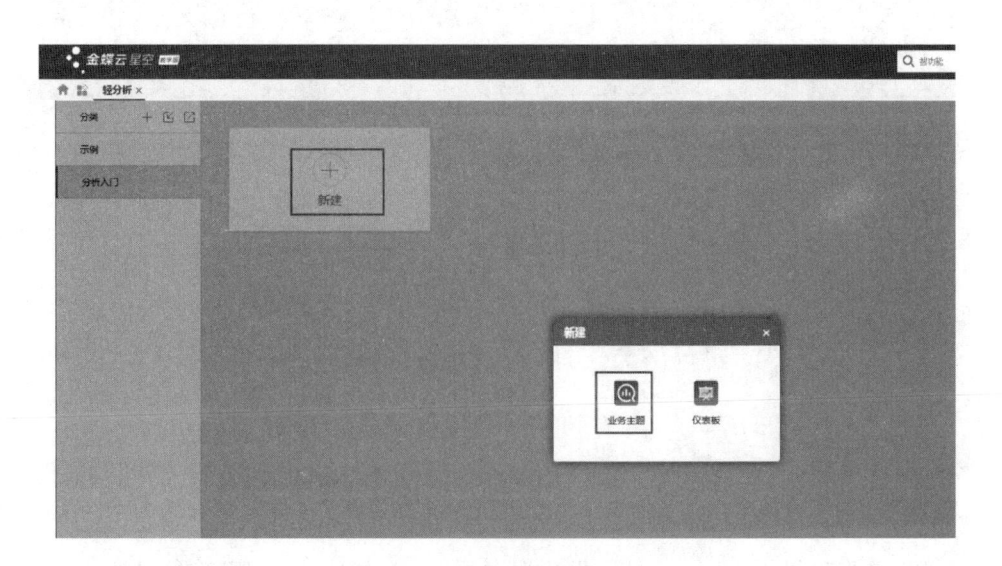

图 6-5 新建业务主题

图 6‐6 输入业务主题名称

(6) 单击"数据建模",进入数据建模界面(见图 6‐7)。

图 6‐7 点击"数据建模"

(7) 单击左上角"新建数据表",进入"新建数据表－选择数据源"界面,"数据库"选择"MySQL",单击"下一步"(见图 6‐8)。

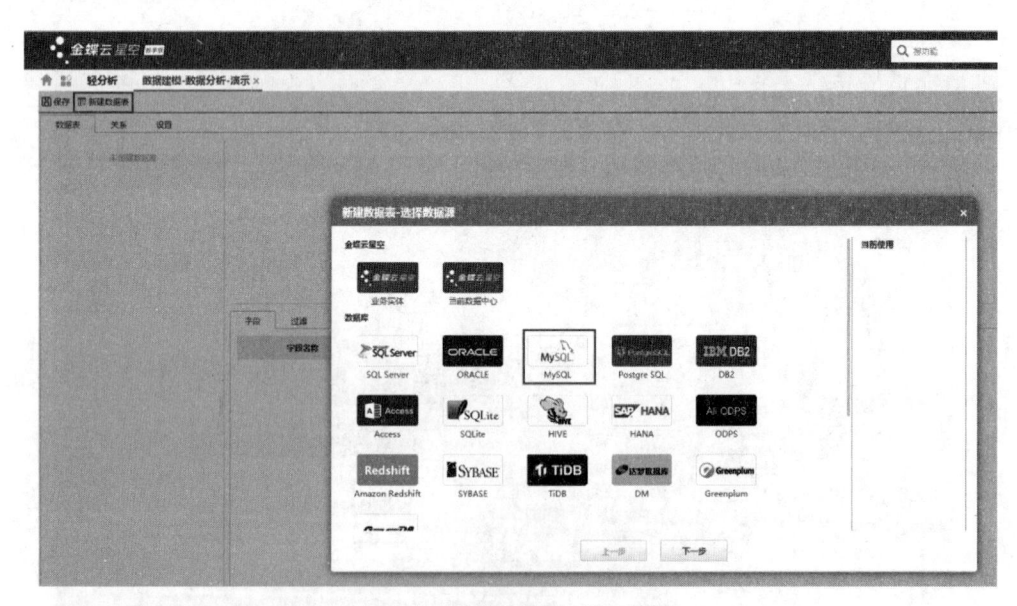

图 6‐8 选择"MySQL"数据源

(8) 在"新建数据表－连接数据库服务器"界面左侧,输入服务器 IP(10.60.174.204)、用户名(root)及密码(root),单击"连接"(见图 6‐9)。

图 6-9　输入服务器 IP、用户名及密码

（9）在"新建数据表－连接数据库服务器"界面右侧，"数据库"选择"test_data"，"类型"选择"表"，单击"下一步"（见图 6-10）。

图 6-10　选择数据库及数据表类型

（10）选择"客户"数据表，单击"下一步"（见图 6-11）。

图 6-11　选择"客户"数据表

（11）根据分析需求，选择相应字段，单击"完成"（见图 6-12）。

图 6-12　选取数据表字段

(12) 单击左上角"保存",即可完成(见图 6-13)。

图 6-13　保存数据表

(13) 重复步骤(7)至(12),依次添加"员工""订单明细""产品""产品种类""订单"数据表,选择全部字段,并保存(见图 6-14～图 6-18)。

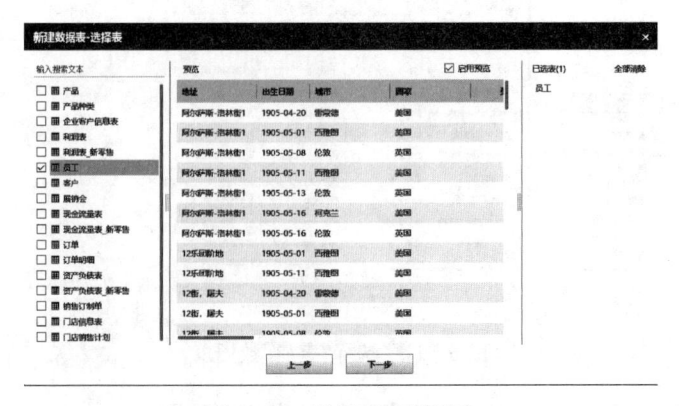

图 6-14　选择员工数据表

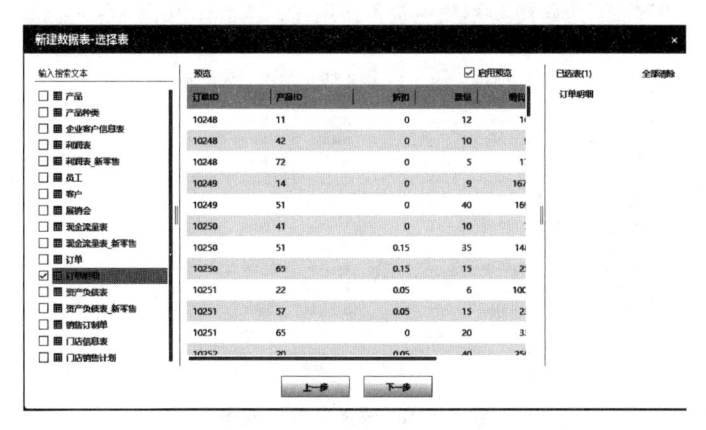

图 6‑15　选择订单明细数据表

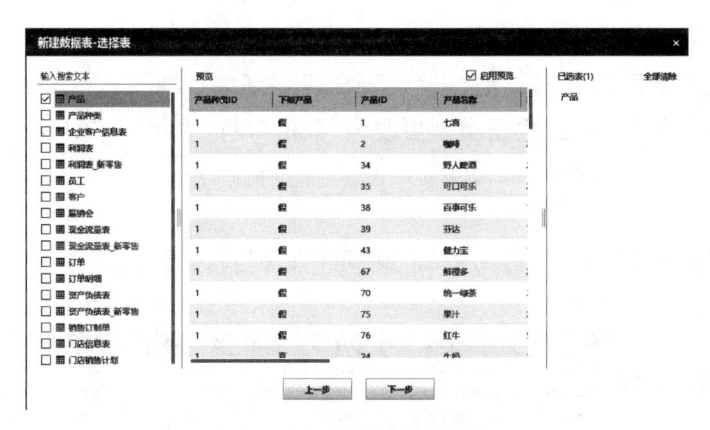

图 6‑16　选择产品数据表

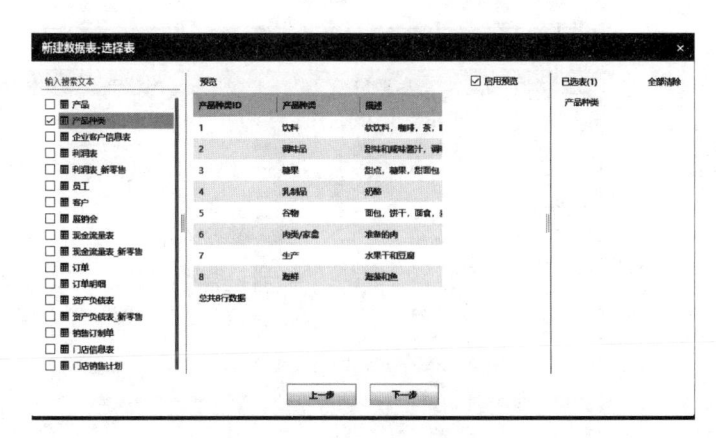

图 6‑17　选择产品种类数据表

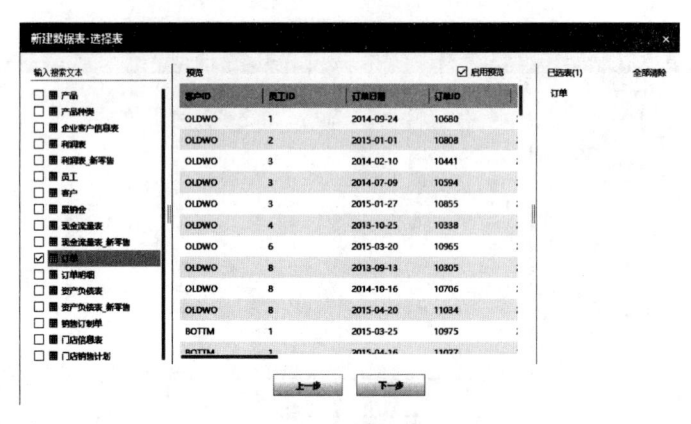

图 6-18　选择订单数据表

> **注意**　可依次添加每一个数据表,也可同时选择五个数据表,一次性添加五个数据表及所有需要的字段。

（14）更改字段的数据类型,将"入职日期""订单日期"的数据类型更改为"日期",将"数量""销售额"的数据类型更改为"数值",将"员工 ID"的数据类型更改为"文本"（见图 6-19~图 6-22）。

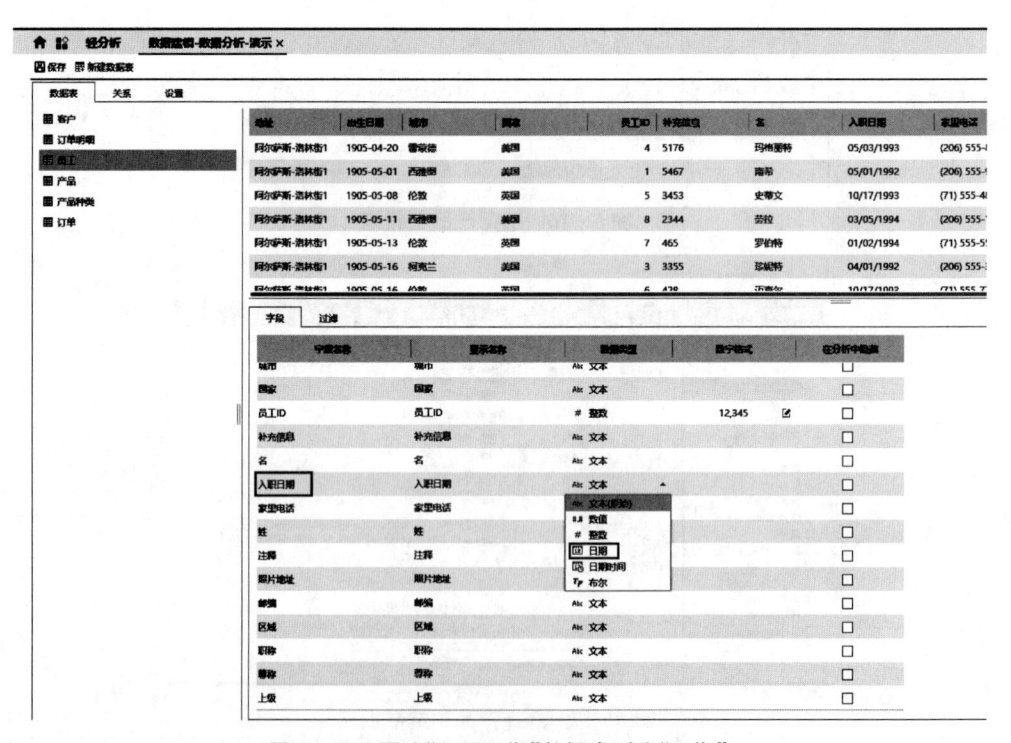

图 6-19　更改"入职日期"数据类型为"日期"

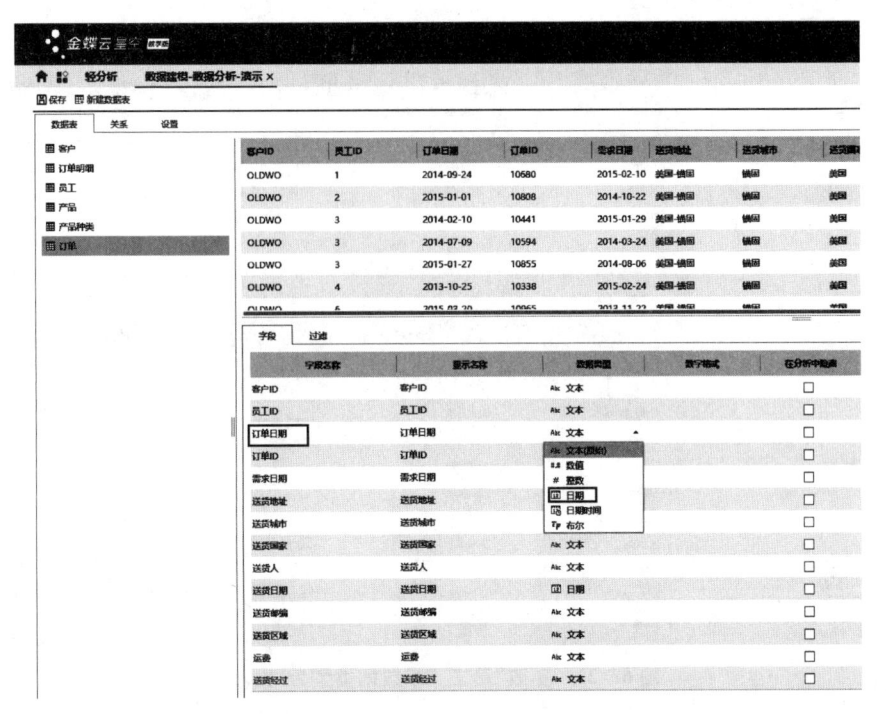

图 6-20　更改"订单日期"数据类型为"日期"

图 6-21　更改"数量""销售额"数据类型为"数值"

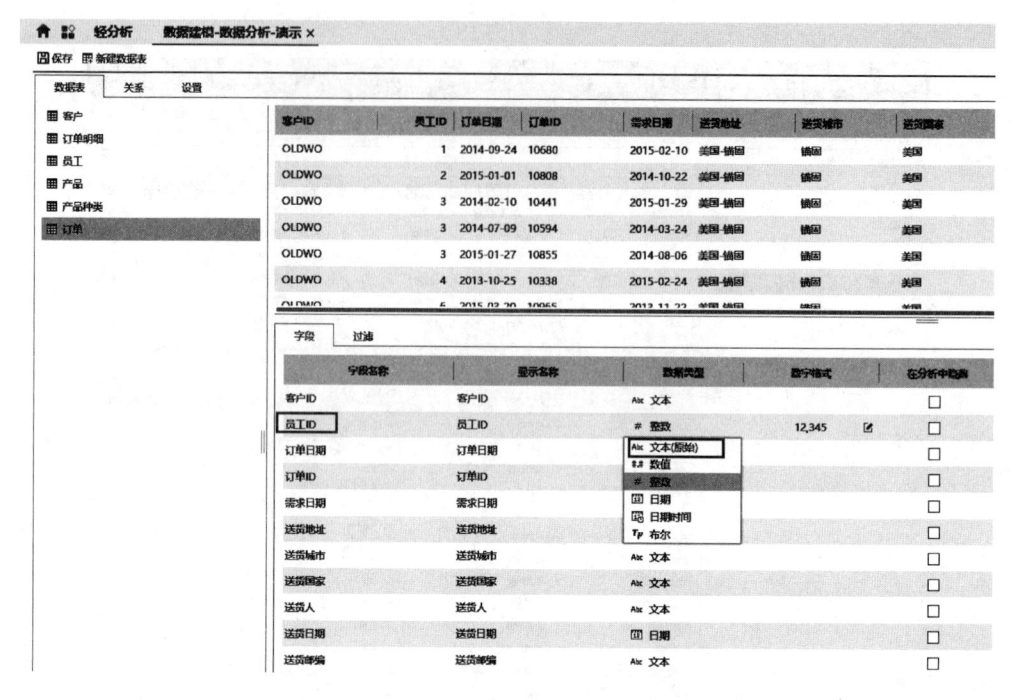

图 6-22 更改"员工 ID"数据类型为"文本"

(15) 单击左上角"关系",进入关系界面(见图 6-23)。

图 6-23 单击"关系"

(16) 单击左上角"新建关系",进入新建关系界面(见图 6-24)。

图 6-24 单击"新建关系"

(17) 将"客户"数据表和"订单"数据表通过"客户 ID"建立一对多的关系(见图 6-25)。

注意 关键词的数据类型必须相同,才能建立关系,否则会出错。

(18) 将"员工"数据表和"订单"数据表通过"员工 ID"建立一对多的关系(见图 6-26)。

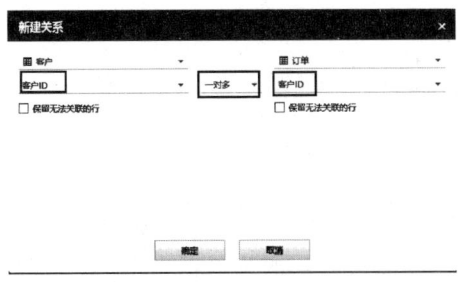

图 6-25 "客户"数据表和"订单"数据表关系建立

图 6-26 "员工"数据表和"订单"数据表关系建立

(19) 将"订单"数据表和"订单明细"数据表通过"订单 ID"建立一对多的关系(见图6-27)。

(20) 将"产品种类"数据表和"产品"数据表通过"产品种类 ID"建立一对多的关系(见图 6-28)。

图 6-27 "订单"数据表和"订单明细"数据表关系建立

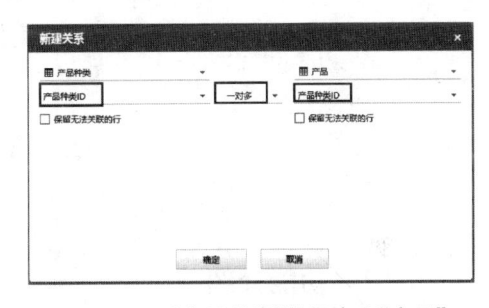

图 6-28 "产品种类"数据表和"产品"数据表关系建立

(21) 将"产品"数据表和"订单明细"数据表通过"产品 ID"建立一对多的关系(见图 6-29)。

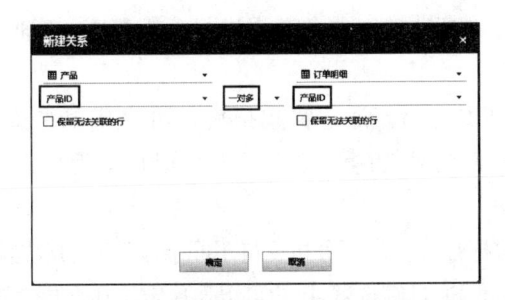

图 6-29 "产品"数据表和"订单明细"数据表关系建立

(22) 建立关系后,点击"保存"(见图 6-30)。

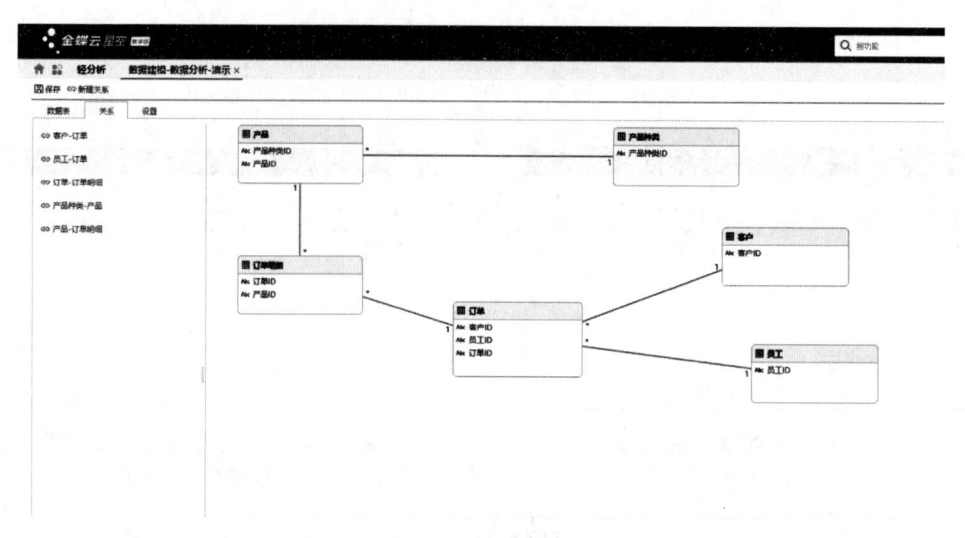

图 6-30　保存关系

6. 任务作业

（1）通过"MySQL"数据库"business_data"，引入数据表"供应商信息表""商品订货单"。

（2）建立数据表"供应商信息表""商品订货单"之间的关系。

6.2　数据分析

6.2.1　功能介绍

借助数据分析，业务用户可以高效地对业务数据进行分析探索，快速创建自己所关注的数据分析内容，功能特性主要包括拖曳分析、数据筛选、查看明细、高级计算、导出、分析方案、发布。

借助轻分析强大的数据探索和数据可视化能力，业务用户可通过简单拖曳制作多维度透视的图表，可更高效地对业务数据进行分析探索，快速创建自己所关注的数据分析内容。

（1）数据分析—拖曳分析。通过简单拖曳即可完成多维透视的图表呈现，数据分析目前支持 10 种图表类型，切换图表类型时可以自动为用户推导和呈现最优的数据可视化效果。

（2）数据分析—数据筛选。数据分析支持不同字段类型的数据筛选，拖曳字段到筛选器中即可对数据进行过滤，通过筛选器，用户可以快速定位和聚焦关键问题或异常数据。

（3）数据分析—查看明细。通过"查看数据"，用户可以查看指定区域所对应的明细数据，追溯聚合前的原始数据构成。明细数据也支持导出到 Excel。

(4) 数据分析—高级计算。数据分析的公式引擎支持 6 个函数类别、共计 65 个函数，依托强大的公式引擎，除可以进行常规的聚合运算外，还支持小计/总计、同比/环比、分组累计、计算字段。

(5) 数据分析—导出。数据分析支持导出 Excel、PDF 及 PNG，用户可将自己的分析结果完美导出，用于日常的工作汇报。

6.2.2 区域界面

在数据分析界面中，共分为六部分：工具栏、字段区域、功能区域、图表类型区域、数据视图展示区域和筛选器/图例区域。左侧栏的三部分：字段区域、功能区域和图表类型区域，默认是展开状态（见图 6-31）。

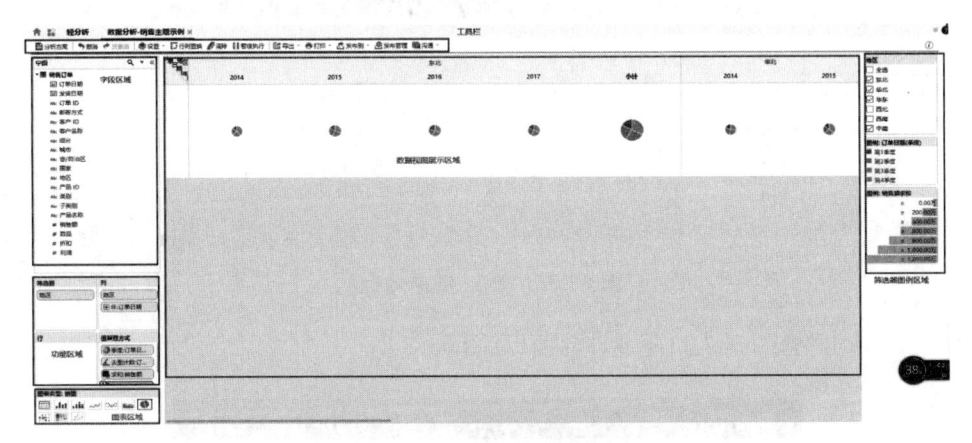

图 6-31 数据分析区域界面

6.2.3 数据分析图表

目前数据分析可支持 10 种图表类型：表格、柱形图、堆积柱形图、折线图、多系列折线图、面积图、饼图、热力图、树图、散点/气泡图。

任务二 数据分析

1. 任务目的

(1) 构建数据分析—拖曳分析—饼图，并进行数据筛选、导出；

(2) 构建数据分析—拖曳分析—柱形图，并进行数据筛选、导出；

(3) 构建数据分析—拖曳分析—散点图，并进行数据查看、导出。

2. 任务内容

如何在金蝶云星空平台—数据分析中，通过数据建模对已经引入并建立关系的数据表进行图形构建？如何进行字段的筛选？如何查看图形具体数据并进行讲解？

3. 任务准备

(1) 进入"数据分析—演示"业务主题；

(2) 进入"数据建模",新建数据表"订单""订单明细""产品种类";

(3) 建立数据表"订单""订单明细""产品种类"之间的关系;

(4) 如任务一已经完成,则该准备工作无须重复。

4. 任务要求

(1) 以订单、订单明细数据表为数据源,构建饼图;

(2) 以订单、订单明细数据表为数据源,构建柱形图;

(3) 以订单、订单明细、产品种类数据表为数据源,构建散点图。

5. 任务操作指导

(1) 单击"数据分析",进入数据分析界面(见图 6-32)。

图 6-32　单击"数据分析"

(2) 单击"", 进入饼图设计界面(见图 6-33)。

图 6-33　选择饼图

(3) 在"筛选器"中拖入"送货国家","列"中拖入"送货国家","行"中拖入"订单日期",维度为"年"。"值展现方式"首先拖入"订单ID",然后拖入"销售额",度量为"求和"。其中,"送货国家""订单日期""订单ID"三个字段均取自订单数据表,"销售额"取自订单明细数据表。最终,得出数据分析—拖曳分析—饼图(见图6-34)。

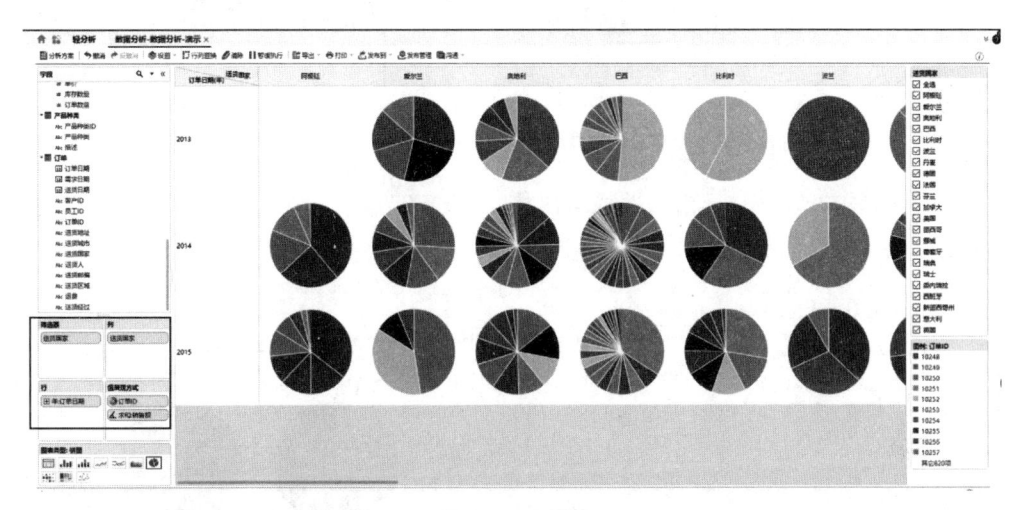

图 6-34 饼图

> **注意** "值展现方式"栏,至少选择一个文本数据类型的数据和一个数值类型的数据。

(4) 右侧"送货国家"选择爱尔兰,可得到该国2013年、2014年、2015年的销售情况,点击2013年饼状图中订单ID-10298,可查看爱尔兰在2013年该订单的销售情况。以此类推,可快速筛选并了解不同国家不同年份某订单ID的销售情况(见图6-35)。

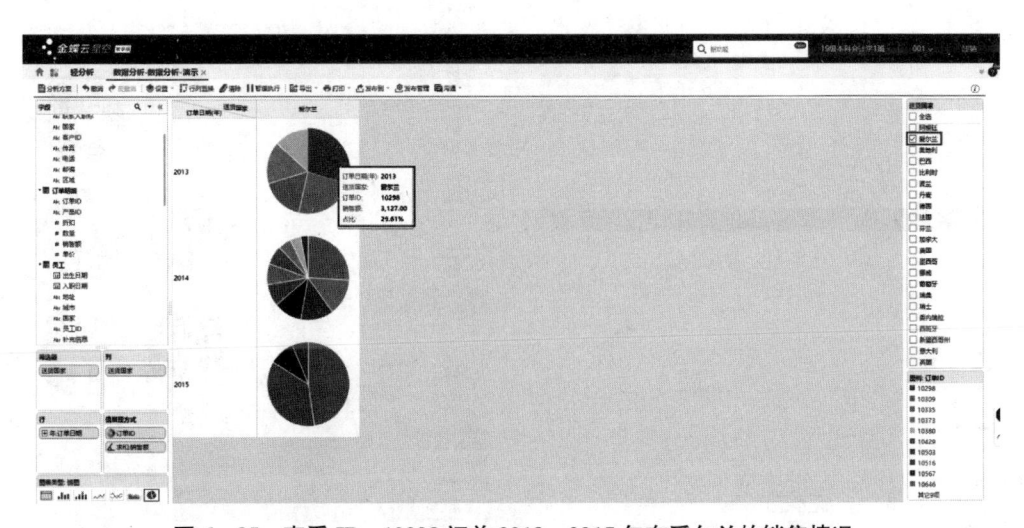

图 6-35 查看ID-10298订单2013—2015年在爱尔兰的销售情况

(5) 点击左侧"分析方案",选择"另存为",为分析方案命名后,点击"确定"(见图 6-36 和图 6-37)。

图 6-36　保存分析方案　　　　　图 6-37　为分析方案命名

(6) 点击工具栏中"导出",选择导出格式"PDF",点击"确定",即可查看导出位置(见图 6-38～图 6-40)。

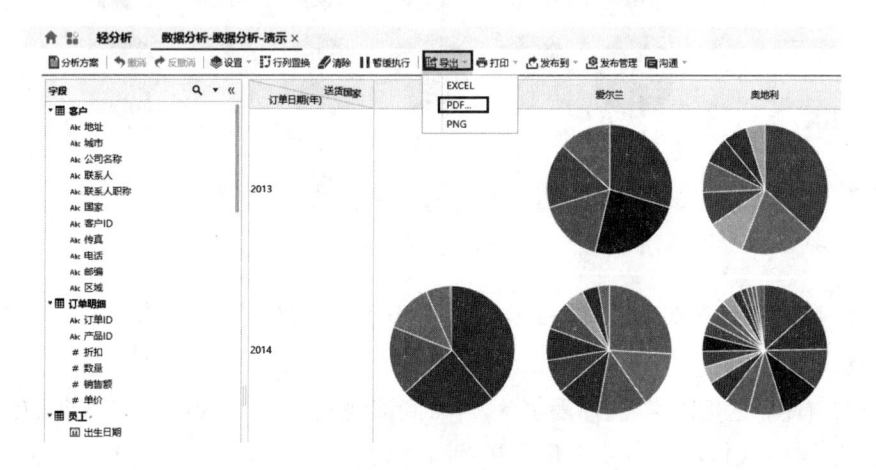

图 6-38　导出分析方案

图 6-39　确定导出分析方案格式　　　　图 6-40　查看导出位置

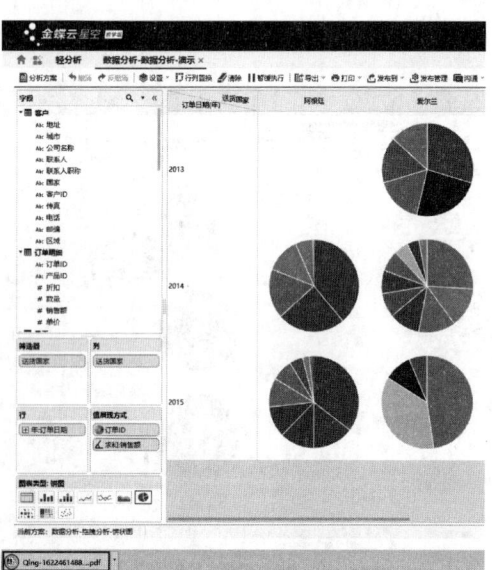

(7) 单击"📊",进入多系列堆积柱形图界面(见图6-41)。

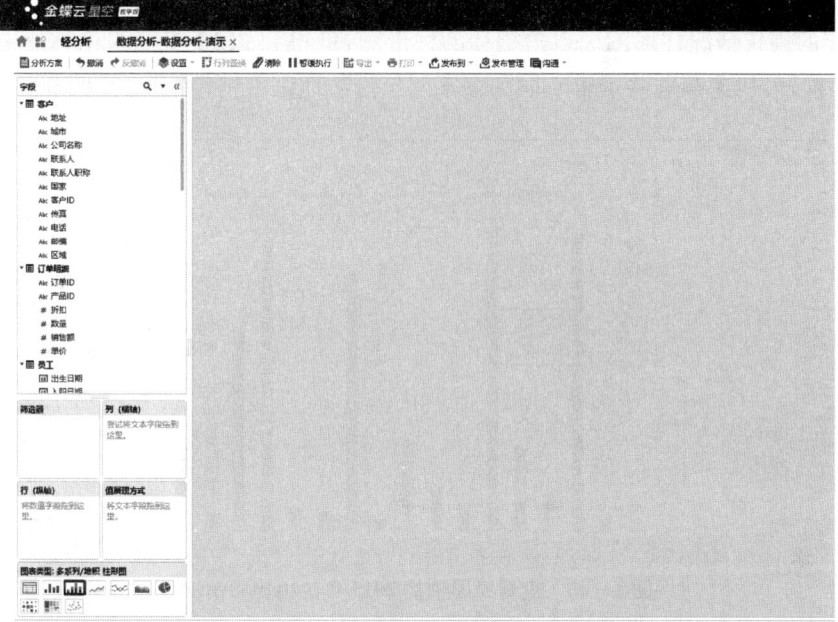

图 6-41 选择多系列堆积柱形图

(8) 在"筛选器"中,首先拖入"送货国家";然后拖入"订单日期",数据筛选选择"年";最后拖入"销售额",数据筛选默认"原始值"。"列"中拖入"送货国家""送货城市"。"行"中,首先拖入"订单日期",维度为"年";然后拖入"销售额",度量为"求和"。"值展现方式"拖入"送货人"。其中,"送货国家""订单日期""送货城市""送货人"字段均取自订单数据表,"销售额"字段取自订单明细数据表。最终,得出数据分析—拖曳分析—柱形图(见图6-42)。

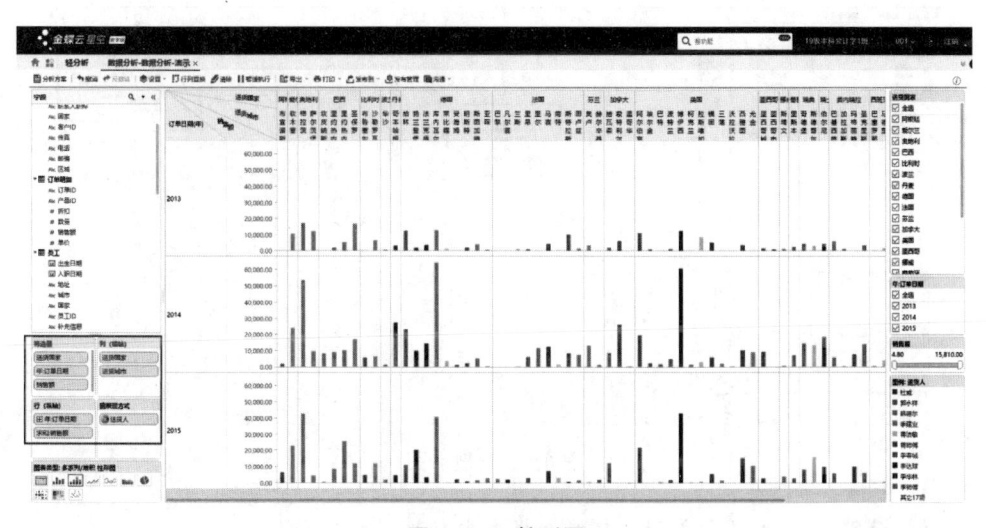

图 6-42 柱形图

> **注意** "值展现方式"栏,只能选择文本数据类型的数据。

(9) 右侧"送货国家"选择波兰、德国、美国,"订单日期"选择 2013,可得到三国 2013 年的销售情况柱形图。点击柏林的柱形图,可得到 2013 年德国柏林的销售额。以此类推,可快速筛选并了解不同国家不同年份某地区的销售情况(见图 6-43)。

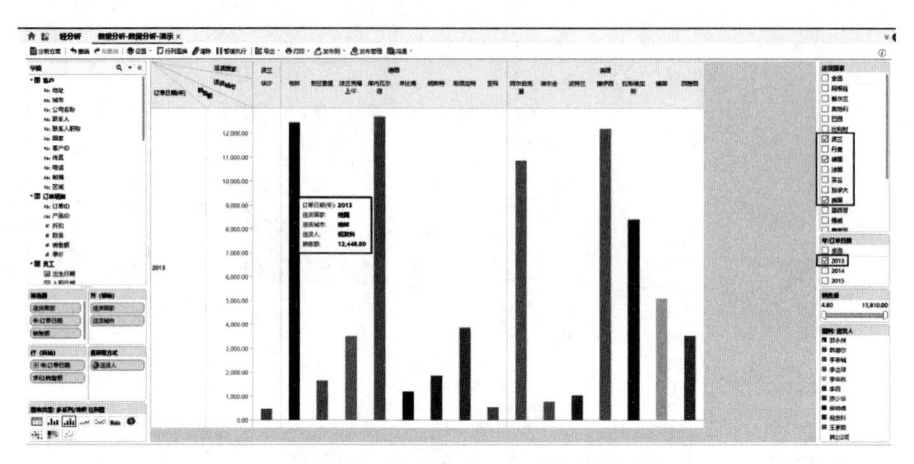

图 6-43 查看德国柏林 2013 年的销售额情况

(10) 点击左侧"分析方案",选择"另存为",为分析方案命名后,点击"确定"。

(11) 点击工具栏中"导出",选择导出格式"PDF",点击"确定"。

(12) 单击"",进入散点图(气泡图)界面。在"列"中拖入"销售额",度量为"求和"。"行"中拖入"数量",度量为"求和"。"值展现方式"依次拖入"送货城市""产品种类"。其中,"销售额""数量"字段均取自订单明细数据表,"送货城市"字段取自订单数据表,"产品种类"字段取自产品种类数据表。最终,得出数据分析—拖曳分析—散点图(气泡图)(见图 6-44)。

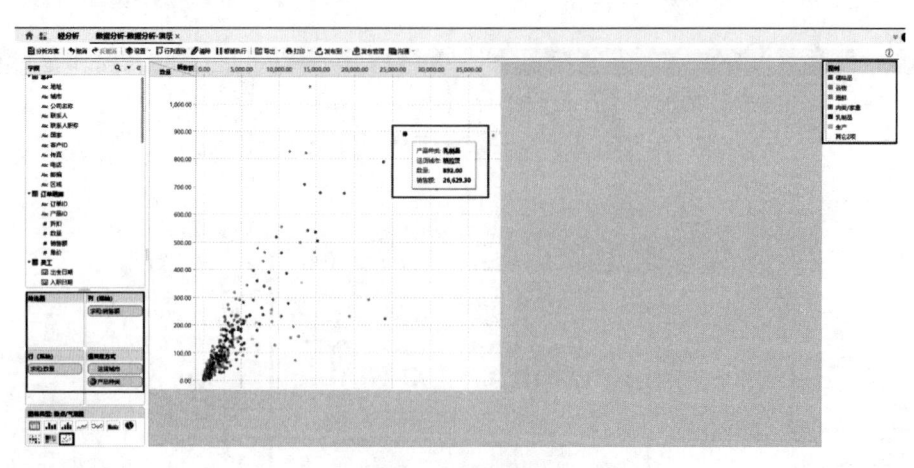

图 6-44 散点图

> **注意** "值展现方式"栏,只能选择文本数据类型的数据。

(13) 点击其中任何一个散点,可以查看具体数据(见图6-44)。

(14) 点击左侧"分析方案",选择"另存为",为分析方案命名后,点击"确定"。

(15) 点击工具栏中"导出",选择导出格式"PDF",点击"确定"。

6. 任务作业

(1) 以订单、订单明细、产品种类数据表为数据源,构建面积图。

(2) 以订单、订单明细、产品种类数据表为数据源,构建折线图。

(3) 以订单、订单明细、产品种类数据表为数据源,构建热力图。

6.3 数据斗方

6.3.1 功能介绍

数据斗方,是轻分析的卡片设计工具。通过数据斗方,业务系统的用户可以自由创作各种数据可视化卡片,并把它们排列和布局到自己的个性化桌面端、移动端业务门户上。

数据斗方同样可以通过拖曳字段的方式,低成本地快速制作各种图形卡片。数据斗方支持钻取,可以让业务用户在多个维度层级上对原始数据进行穿透式分析。

通过数据斗方所制作的卡片,可以根据界面容器的大小进行自适应的自动放缩,用户在数据斗方里可以通过切换预览尺寸,查看实际的可视化呈现效果。

数据斗方支持对图例、数据标签、数轴、参考线等图表属性进行设置,轻松设计出简洁美观的数据卡片。

6.3.2 区域界面

在数据斗方页签中,共分为六部分:工具栏、字段区域、图表类型区域、功能区域、卡片预览区域和属性设置区域。其中,功能区、卡片预览区、属性设置区所展现的内容将根据用户选择的不同图表类型进行相应的变化(见图6-45)。

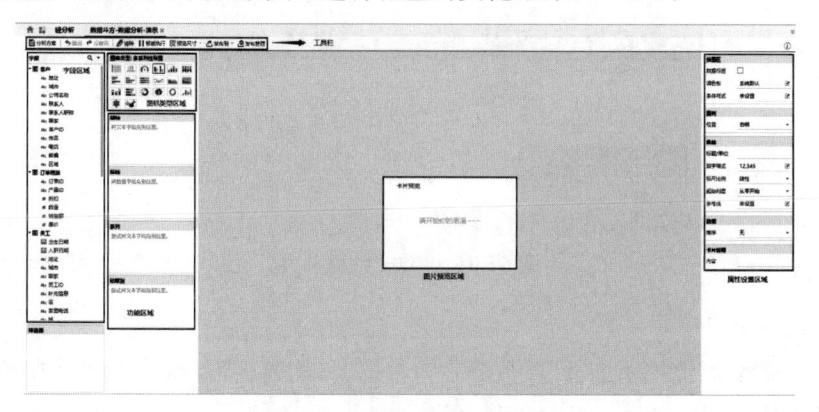

图6-45 数据斗方区域界面

6.3.3 数据斗方图表

目前数据斗方可支持20种图表类型：多系列柱形图、堆积柱形图、百分比堆积柱形图、多系列条形图、堆积条形图、百分比堆积条形图、折线图、面积图、百分比面积图、饼图、业务指标、地图、雷达图、柱形进度图、条形进度图、环形进度图、仪表图、列表、组合图、环形图。针对原有的分析方案，切换图表类型后，横轴、纵轴、系列等功能区域中的字段也会相应调整，从而在卡片预览区域呈现出不同的数据可视化结果。

利用拖曳分析生成数据视图后，可利用属性设置区域，对数据视图的图例、数据标签、标题、数字格式、参考线等内容进行设置。然而针对不同的图表，其属性设置区域的内容也不同，本节将进行详细介绍。

任务三 数据斗方

1. 任务目的

（1）构建数据斗方—柱形图，进行数据分析，并保存分析方案；
（2）构建数据斗方—地图，进行数据分析，并保存分析方案；
（3）构建数据斗方—饼图，进行数据分析，并保存分析方案。

2. 任务内容

如何在金蝶云数据斗方中制作相关图表？如何快速分析不同销售区域不同年度的销售额情况？如何快速分析某位员工的销售总体情况，并进一步分析其在不同产品类别中的销售情况，以及其在某一国家或区域的销售情况？

3. 任务准备

（1）进入"数据分析—演示"业务主题；
（2）进入"数据建模"，新建数据表"订单""订单明细""客户""员工"；
（3）建立数据表"订单""订单明细""客户""员工"之间的关系；
（4）如任务一已经完成，则该准备工作无须重复；
（5）单击"数据斗方"，进入数据斗方界面（见图6-46）。

图6-46 单击"数据斗方"

4. 任务要求

（1）以客户、订单明细、订单数据表为数据源，构建柱形图，分析产品在不同国家的销售情况；

(2) 以订单、订单明细数据表为数据源,构建地图,完成映射后分析不同国家的销售情况;

(3) 以订单明细、订单、员工数据表为数据源,构建饼图,并通过数据钻取功能分析某员工生产的不同产品在不同国家、不同城市的详细销售情况。

5．任务操作指导

(1) 构建柱形图。

① 单击"　",进入柱形图设计界面(见图6-47)。

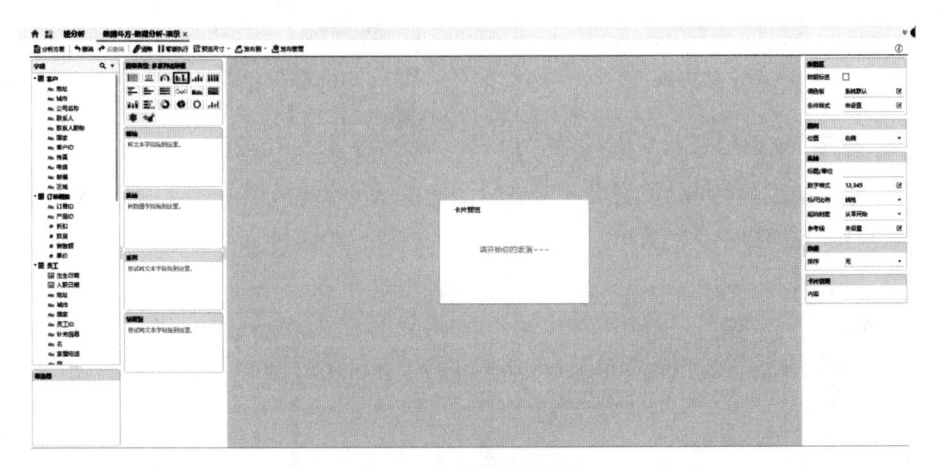

图6-47　选择柱形图

② 在"横轴"中拖入"国家","纵轴"中拖入"销售额",度量为"求和"。"系列"中拖入"订单日期",维度为"年"。其中"国家"字段取自客户数据表,"销售额"字段取自订单明细数据表,"订单日期"字段取自订单数据表。最终,得出未按年度进行筛选的数据斗方—多系列柱形图(见图6-48)。

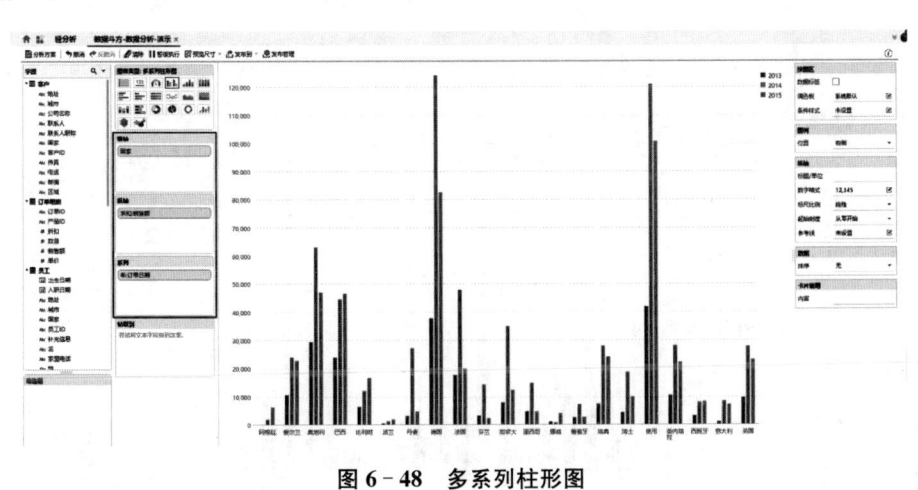

图6-48　多系列柱形图

③ 在左侧"筛选器"中拖入"订单日期"(订单数据表),数据筛选选择"年",得出按年进行筛选的数据斗方—多系列柱形图(见图6-49)。

注意 根据数据分析需要,可以选择年、季度、月等字段。

④ 接图6-49,进入"[年:订单日期]数据筛选"界面,可根据数据分析需要,选择某一年度(见图6-50)。

图6-49 数据筛选

图6-50 数据年度筛选

注意 可根据数据分析需要,可以选取任意年度或时间段。

⑤ 可点击工具栏中"预览尺寸",进行图表的大小调整,图6-51显示格式为"全画面"(见图6-51)。

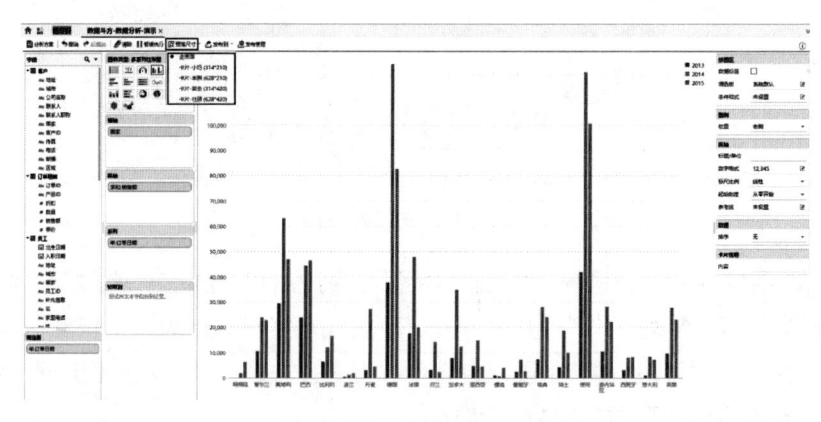

图6-51 选择预览尺寸

⑥ 右侧属性设置区域,勾选"数据标签",相应数字即可显示出来(见图6-52)。

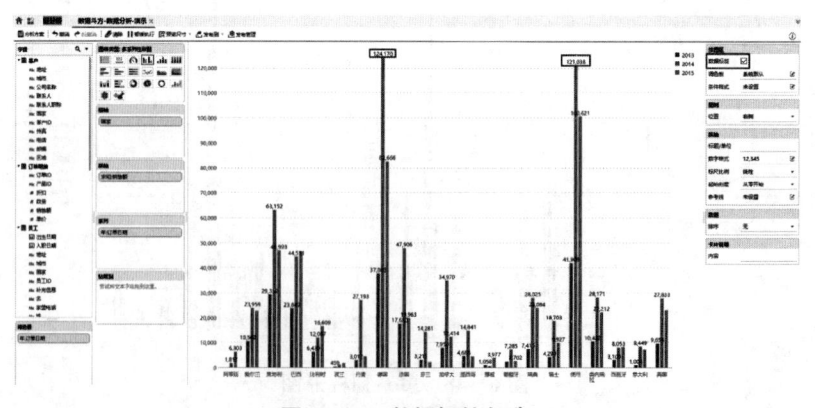

图6-52 数据标签勾选

⑦ 右侧属性设置区域,点击"调色板"旁" ",进入"调色板"界面,通过颜色的上

下左右移动,可进行颜色的选择(见图6-53)。

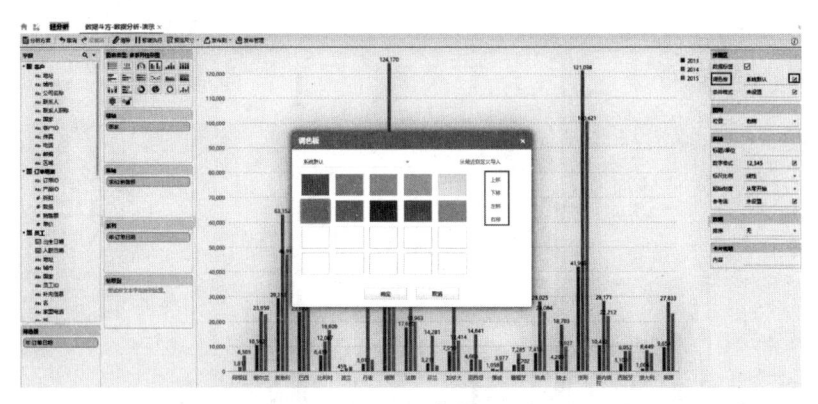

图6-53　调色板设置

⑧ 右侧属性设置区域,点击"图例"旁"▼",可进行图例位置的调整(见图6-54)。

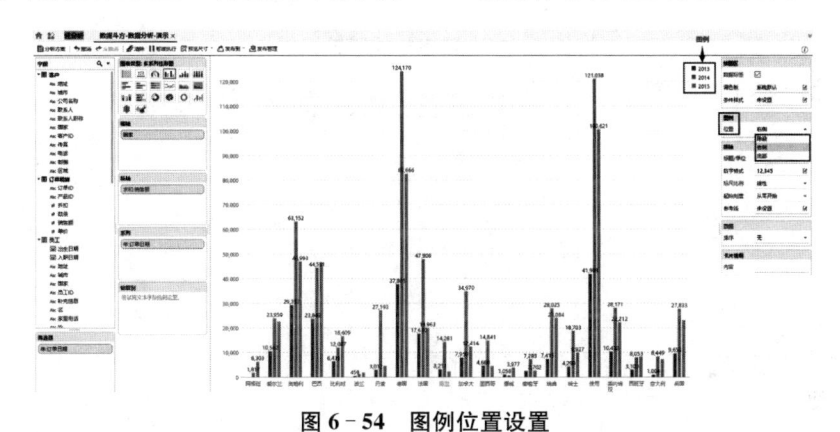

图6-54　图例位置设置

⑨ 右侧属性设置区域,点击"标题/单位",填入"销售额",可进行纵轴标题的编辑(见图6-55)。

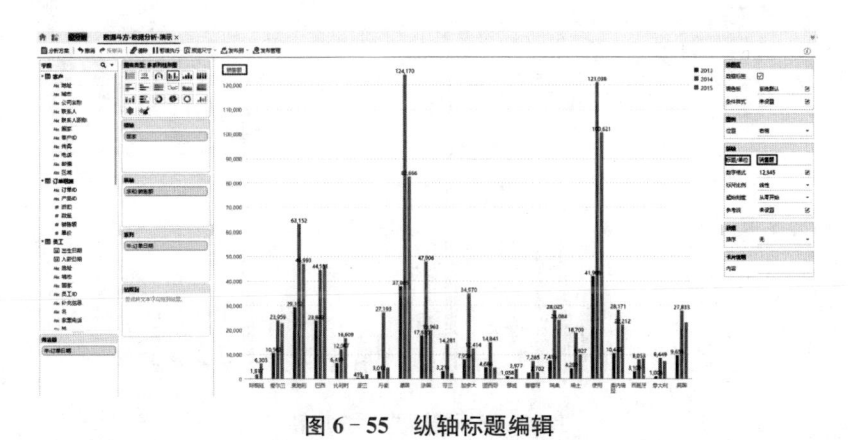

图6-55　纵轴标题编辑

⑩ 右侧属性设置区域,点击"数字格式",可进行数字格式的设置,点击"标尺比

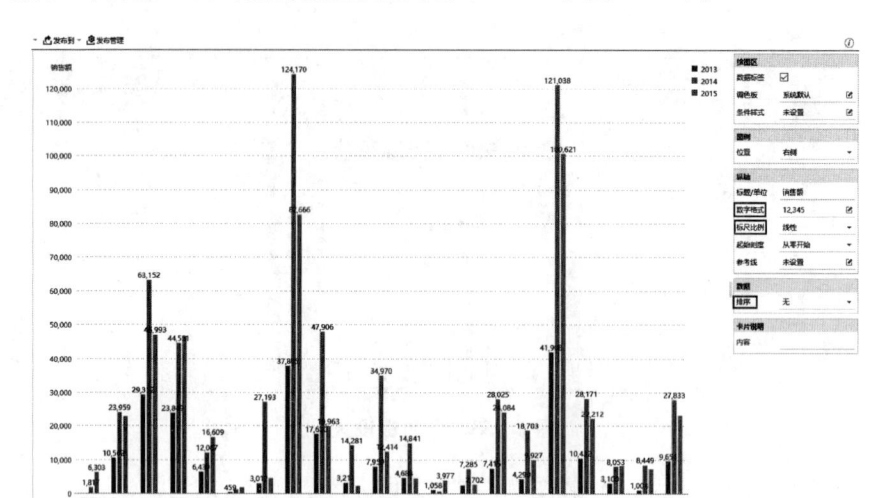

例""排序"等右侧"▼",可进行相应设置(见图6-56和图6-57)。

图6-56　数字格式等的设置

图6-57　数字格式设置

⑪点击左侧"分析方案",选择"另存为",为分析方案命名后,点击"确定"。

(2) 构建地图。

① 单击"数据斗方",进入可视化分析界面,单击"清除",清除前分析方案或系统默认分析方案(见图6-58)。

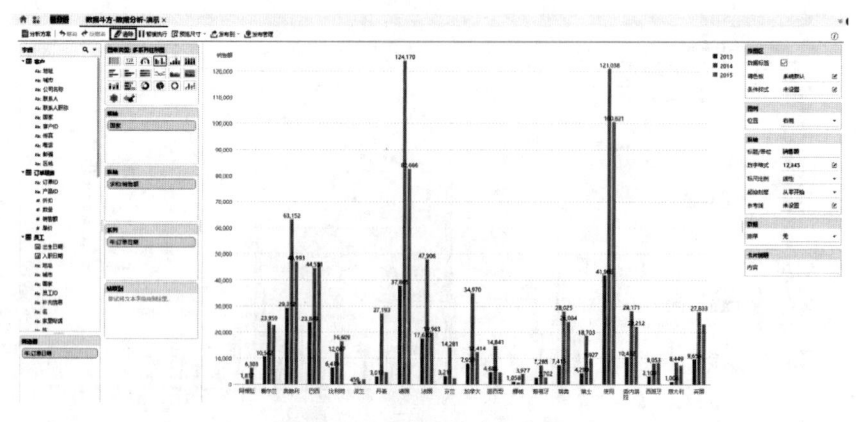

图6-58　清除前分析方案

注意　进入数据斗方后,系统默认出现第一个分析方案。此时,点击"清除"即可。

② 在图表类型中选择"地图"。将订单明细数据表中"销售额"字段拖入"数值",度量为"求和";将订单数据表中"送货国家"字段拖入"地域"。

③ 右侧属性设置区域,点击地域映射旁"✎",进入地域映射界面,将数据表中的送货国家对应至中国各省域,即可形成相应的地图。

> **注意** 中国有34个省级行政区域,故地图形图表最多能映射34项数据。如果数据少于34项,则存在未被映射的数据,显示为灰色;多于34项,则会存在部分数据无法映射的情况,故可根据分析的需要进行选择性映射。

④ 点击左侧"分析方案",选择"另存为",为分析方案命名后,点击"确定"。

(3) 构建饼图。

① 单击"数据斗方",进入可视化分析界面,单击"清除",清除前分析方案或系统默认分析方案。

② 在图表类型中选择"饼图",将订单明细数据表"销售额"拖入"角度"栏,度量为"求和";将订单数据表"员工ID"拖入"颜色"栏。最终,得到员工的总体销售额情况(见图6-59)。

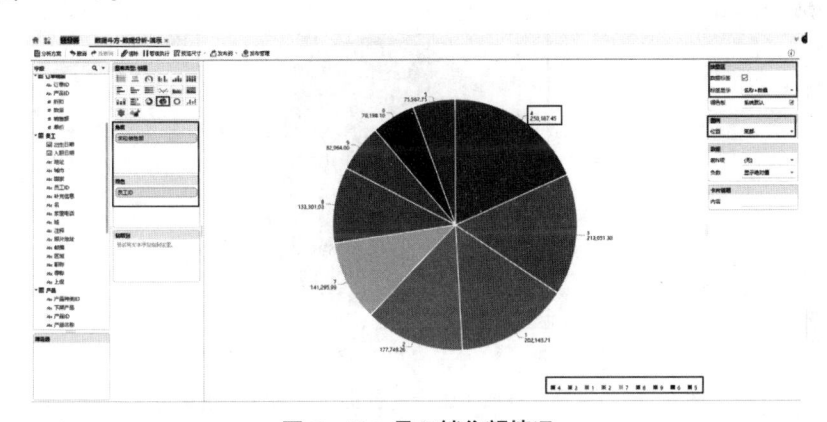

图6-59 员工销售额情况

③ 将产品数据表"产品名称"、订单数据表"送货国家""送货城市"依次拖入"钻取到"栏,进行数据详细分析(见图6-60)。

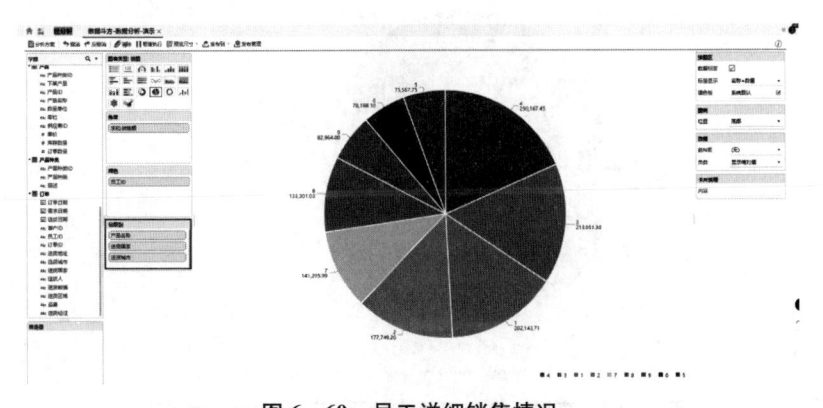

图6-60 员工详细销售情况

④ 点击"员工 ID 4"的饼块,可查看该员工生产的各类产品的总体销售情况和详细销售情况(见图 6-61 和图 6-62)。

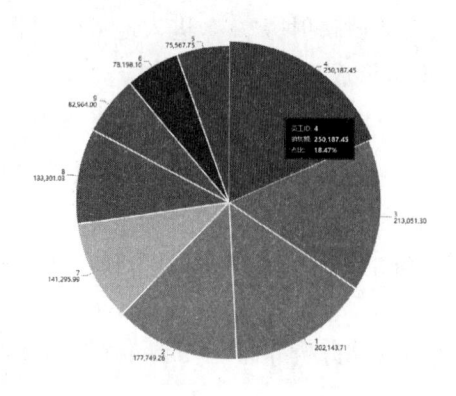

图 6-61　查看 4 号员工生产的各类产品的总体销售情况

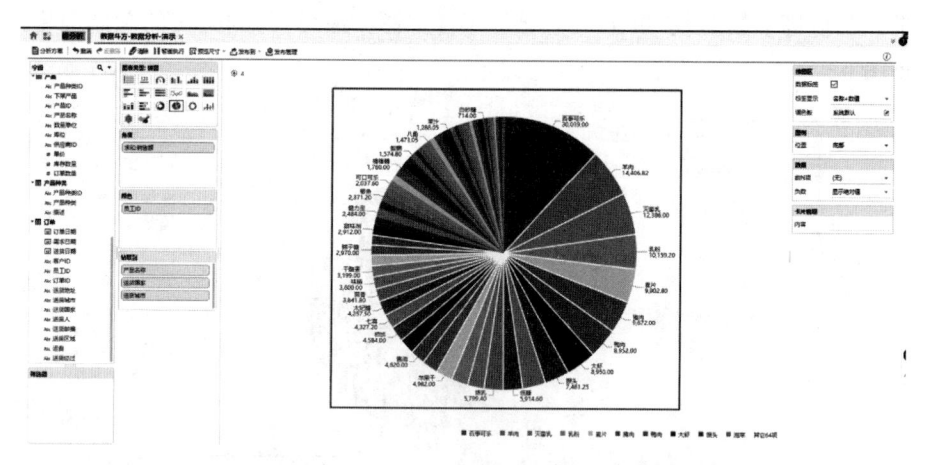

图 6-62　查看 4 号员工生产的各类产品的详细销售情况

⑤ 继续点击"百事可乐"饼块,得到 4 号员工生产的百事可乐这一产品在不同国家的销售情况(见图 6-63 和图 6-64)。

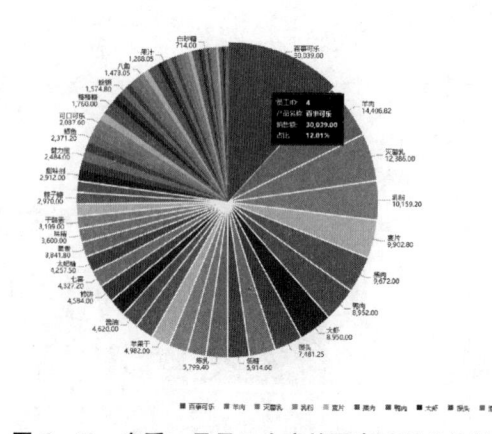

图 6-63　查看 4 号员工生产的百事可乐总体销售情况

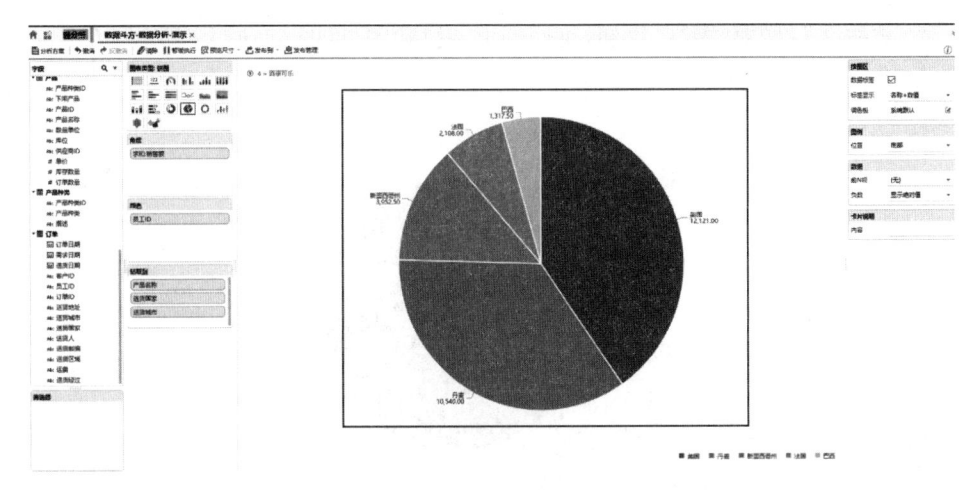

图 6-64　查看 4 号员工百事可乐详细销售情况

⑥ 继续点击"美国"饼块，得到 4 号员工生产的百事可乐这一产品在美国不同城市的销售情况（见图 6-65 和图 6-66）。

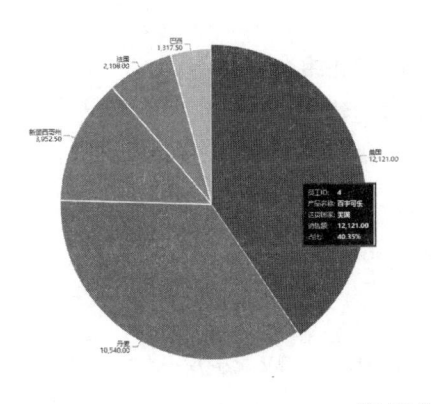

图 6-65　查看 4 号员工生产的百事可乐在美国总体销售情况

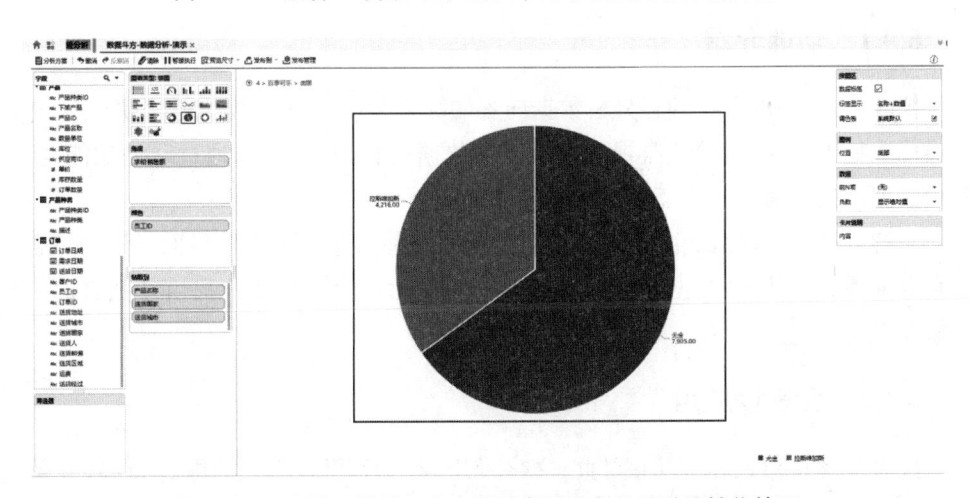

图 6-66　查看 4 号员工生产的百事可乐在美国详细销售情况

⑦ 点击工具栏中"撤销"按钮,可回到上一饼状图(见图 6-67)。

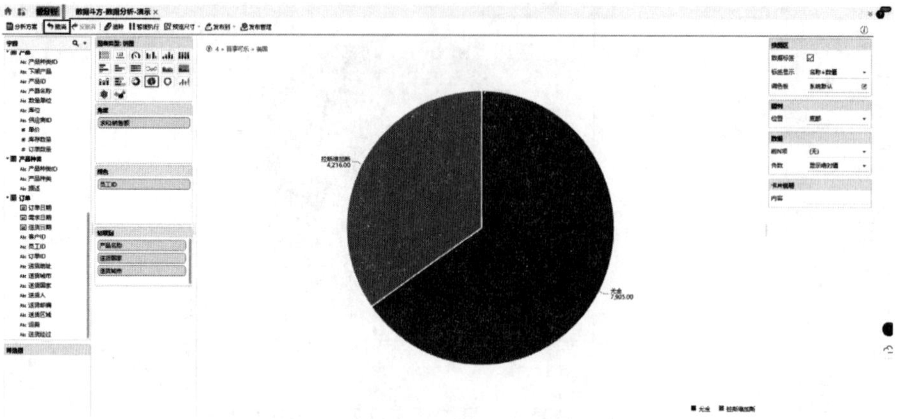

图 6-67 返回上一层饼图

⑧ 点击左侧"分析方案",选择"另存为",为分析方案命名后,点击"确定"。

6. 任务作业

(1) 自行根据数据分析需要,构建组合图;
(2) 自行根据数据分析需要,构建百分比堆积柱形图;
(3) 自行根据数据分析需要,构建折线图;
(4) 自行根据数据分析需要,构建面积图;
(5) 自行根据数据分析需要,构建条形进度图。

6.4 仪表板

6.4.1 功能介绍

仪表板,是对以上各种轻分析数据内容的综合布局工具。通过它,用户可以在同一屏幕上集中展现、比较和监视一组特定的数据内容,并且可以通过联动功能,实现各种数据元素之间的操作互动。

支持数据分析、数据斗方、网页链接、图片、各种筛选器组件等界面元素的综合布局和大屏播放。其中,数据分析和数据斗方两种元素为终端用户提供了强大的二次分析和再定义能力。

6.4.2 仪表板应用

仪表板支持对数据斗方、网页、文字及组合卡片等组件进行综合布局,并可定义组件数据更新频率;支持将仪表板发布到应用菜单、轻分析中心和移动轻应用并授权给指定用户或角色;支持大屏展现。让用户可以在同一屏幕上集中展现、比较和监视一组特定的数据内容。同时,仪表板还提供筛选、钻取、再分析等交互操作。

任务四　仪表板

1. 任务目的

(1) 在数据斗方中,构建仪表板所需图表;

(2) 在仪表板中引入数据斗方相关图表,完成销售情况分析。

2. 任务内容

如何根据数据分析的需要,在金蝶云数据斗方中制作适合在仪表板展示的图表?如何设置简洁美观、可视化效果强的仪表板,实现企业管理者快速获取相应信息?如何在仪表板中实现不同产品类型的销售情况分析?

3. 任务准备

(1) 新建销售分析业务主题;

(2) 进入数据建模;

(3) 新建数据表销售订制单。

4. 任务要求

(1) 在销售分析业务主题|"数据斗方"中,根据销售订制单数据表,完成"2016年销售额""2016年销售量""2016年客户数""2016年订单量"卡片;

(2) 在销售分析业务主题|"数据斗方"中,根据销售订制单数据表,完成"蛋糕、烘焙、面包销售趋势"折线图;

(3) 在销售分析业务主题|"数据斗方"中,根据销售订制单数据表,完成"每类产品配送员的贡献"百分比堆积柱形图;

(4) 在销售分析业务主题|"数据斗方"中,根据销售订制单数据表,完成"每类商品销售占比情况图";

(5) 在轻分析|分析入门中新建仪表板,引入在销售分析业务主题—数据斗方中的图表,并进行相应的编辑;

(6) 通过仪表板下拉列表设置,实现不同产品类型销售情况分析。

5. 任务操作指导

(1) 打开金蝶云星空网页端登录界面,选择"金蝶云星空账号"类型,选择本组织账套,输入登录名及密码,单击"登录"。

(2) 单击左上角" ",进入功能菜单界面。执行"经营分析"|"轻分析"|"分析平台"|"轻分析"|"分析入门"命令,打开数据分析页面。

(3) 单击"新建",选择"仪表板",名称输入"仪表板示例",点击"确定",完成仪表板的新建(见图 6-68 和图 6-69)。

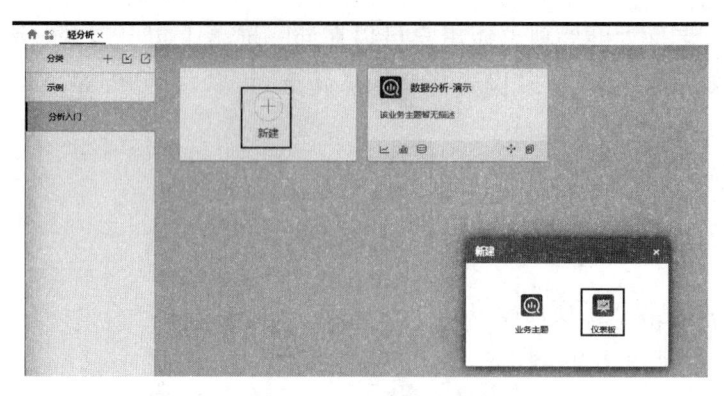

图 6-68　新建仪表板　　　　　　　　　图 6-69　仪表板命名

(4) 点击"仪表板示例",进入仪表板界面(见图 6-70)。

图 6-70　进入仪表板示例

(5) 进入仪表板示例界面后,根据左侧相关图示可知,可从数据斗方中引入相关可视化数据,同时还可以使用文字、图片、网页等通用内容(见图 6-71)。

图 6-71　仪表板构成要素

(6) 根据任务需要,并参照前述步骤,新建"销售分析"业务主题,在该业务主题下"数据建模"界面,通过"MySQL"数据源,数据库"business_data",类型"表",新建"销售订制单"数据表。

(7) 根据任务需要,在"数据斗方"界面,选择图表类型"业务指标",构建"2016年销售额"卡片、"2016年销售量"卡片、"2016年客户数"卡片、"2016年订单量"卡片(见图6-72～图6-75)。

卡片预览
2016年销售额
4,119,895.90

图 6-72　2016 年销售额

卡片预览
2016年销售量
147,497

图 6-73　2016 年销售量

卡片预览
2016年客户数
35,689

图 6-74　2016 年客户数

卡片预览
2016年订单量
147,497

图 6-75　2016 年订单量

🔊 **注意**　进入数据斗方界面,选择图表类型"业务指标",将"总金额"拖曳入"主指标"栏,度量为"求和";将"下单时间"拖入"筛选器"栏,"数据筛选"选择"年",并勾选"2016"。最后,在主指标摘要处输入"2016年销售额"。

🔊 **注意**　进入数据斗方界面,选择图表类型"业务指标",将"数量"拖入"主指标"栏,度量为"求和";将"下单时间"拖入"筛选器"栏,"数据筛选"选择"年",并勾选"2016"。最后,在主指标摘要处输入"2016年销售量"。

🔊 **注意**　进入数据斗方界面,选择图表类型"业务指标",将"姓名"拖入"主指标"栏,度量为"去重计数";将"下单时间"拖入"筛选器"栏,"数据筛选"选择"年",并勾选"2016"。最后,在主指标摘要处输入"2016年客户数"。

🔊 **注意**　进入数据斗方界面,选择图表类型"业务指标",将"单号"拖入"主指标"栏,度量为"去重计数";将"下单时间"拖入"筛选器"栏,"数据筛选"选择"年",并勾选"2016"。最后,在主指标摘要处输入"2016年订单量"。

(8) 根据任务需要,在"数据斗方"界面,选择图表类型"折线图"。横轴拖入"下单时间",维度为"年月";纵轴拖入"总金额",度量为"求和";系列拖入"类型"。右侧,纵轴标题栏输入"蛋糕、烘焙、面包销售趋势",构建"蛋糕、烘焙、面包销售趋势图"(见图6-76)。

图 6-76　蛋糕、烘焙、面包销售趋势图

(9)根据任务需要,在"数据斗方"界面,选择图表类型"百分比堆积柱形图"。横轴拖入"类型";纵轴拖入"总金额",度量为"求和";堆积拖入"配送人员"。右侧,纵轴标题栏输入"每类产品配送员的贡献",构建"每类产品配送员的贡献图"(见图6-77)。

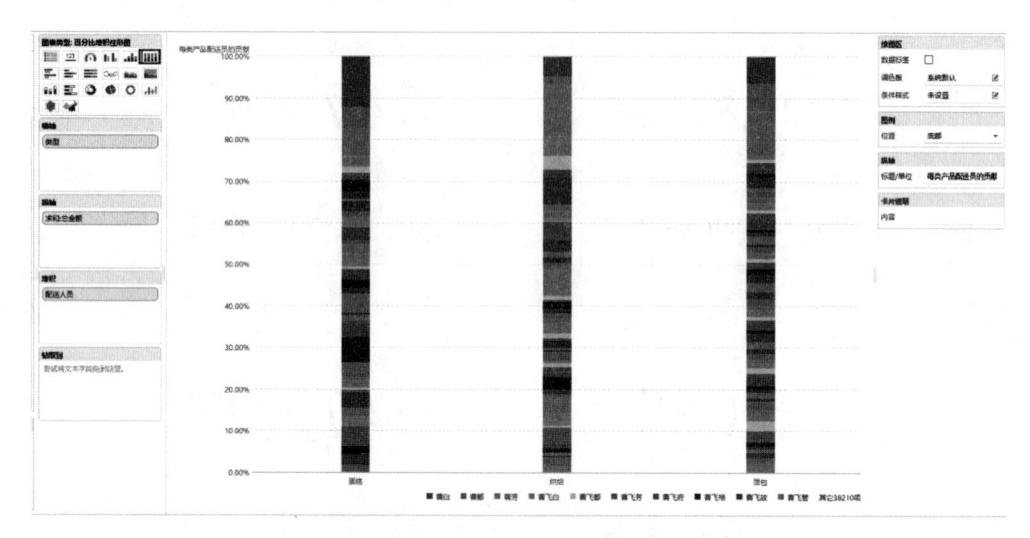

图6-77　每类产品配送员的贡献图

(10)根据任务需要,在"数据斗方"界面,选择图表类型"饼图"。将"总金额"字段拖入"角度",度量为"求和";将"商品名称"拖入"颜色"。构建"各种商品销售占比情况图"(见图6-78)。

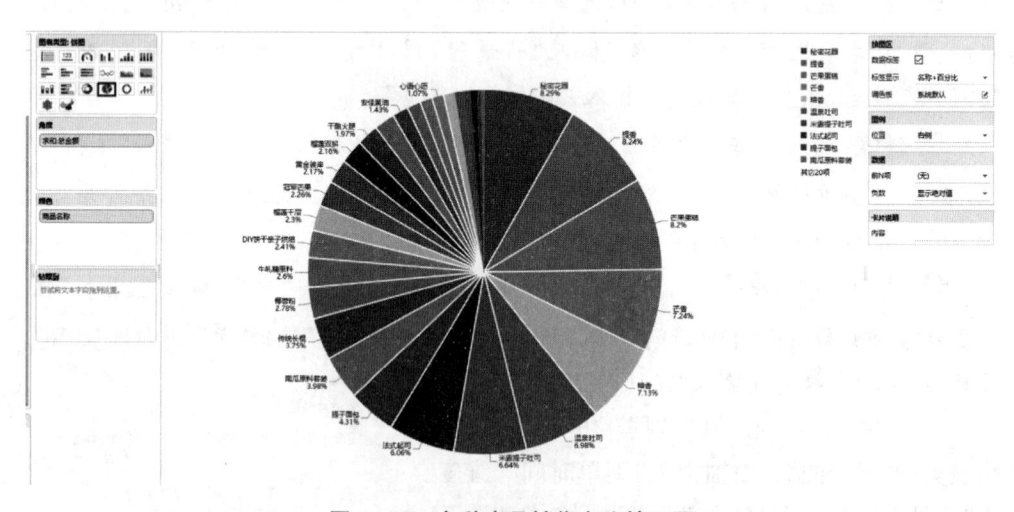

图6-78　各种商品销售占比情况图

(11)参照前述步骤,点击"仪表板示例",进入仪表板界面,点击右侧"外观",选择外观风格为"深邃蓝"(见图6-79)。

图 6-79　改变仪表板外观风格

（12）选择左侧组件中"数据斗方"，将其拖曳至仪表板，进入"添加数据斗方—数据来源"界面（见图 6-80）。

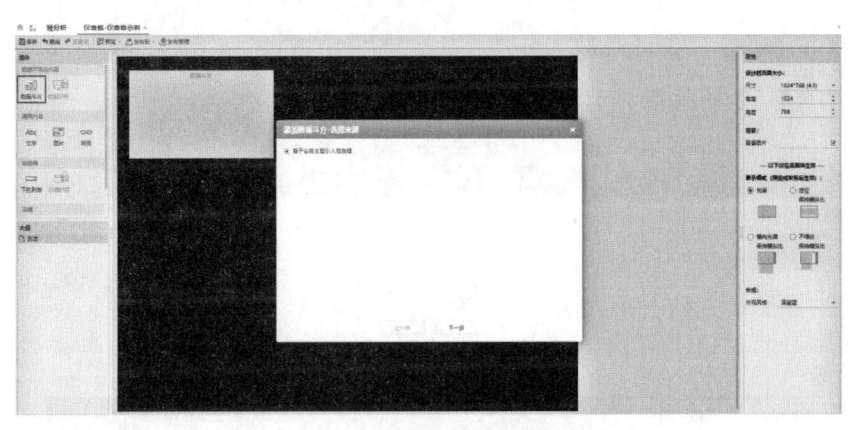

图 6-80　添加数据斗方—数据来源

（13）点击"下一步"，进入"添加数据斗方—选择业务主题"界面，选择"分析入门—销售分析"业务主题（见图 6-81）。

（14）点击"下一步"，进入"添加数据斗方—选择方案"界面，选择"加载方案—2016 年客户数"，点击"完成"（见图 6-82）。

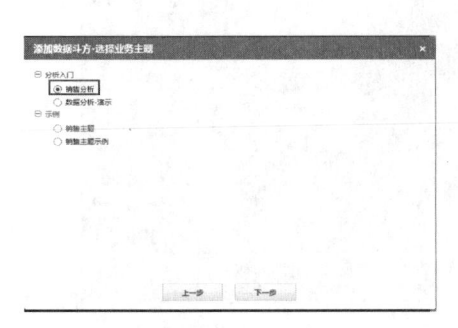

图 6-81　添加数据斗方—选择业务主题 　　图 6-82　添加数据斗方—选择方案

(15) 参照步骤(12)至(14),继续添加"2016年订单量""2016年销售量""2016年销售额""蛋糕、烘焙、面包销售趋势""各种商品销售占比""每类产品配送员的贡献"数据斗方(见图6-83)。

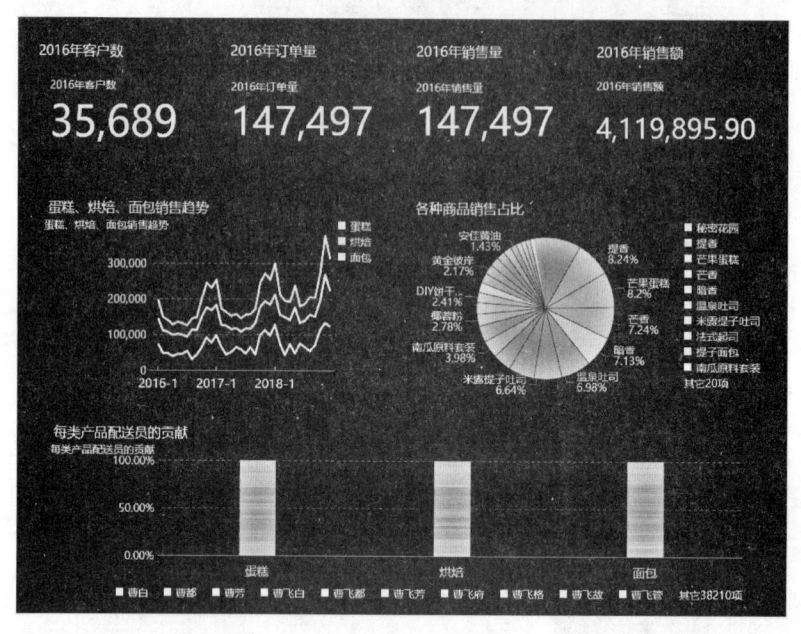

图6-83 仪表板

(16) 选择"2016年客户数",点击"✐",进入"编辑仪表板组件—数据斗方:2016年客户数",删除右侧主指标摘要"2016年客户数",点击"完成"(见图6-84和图6-85)。

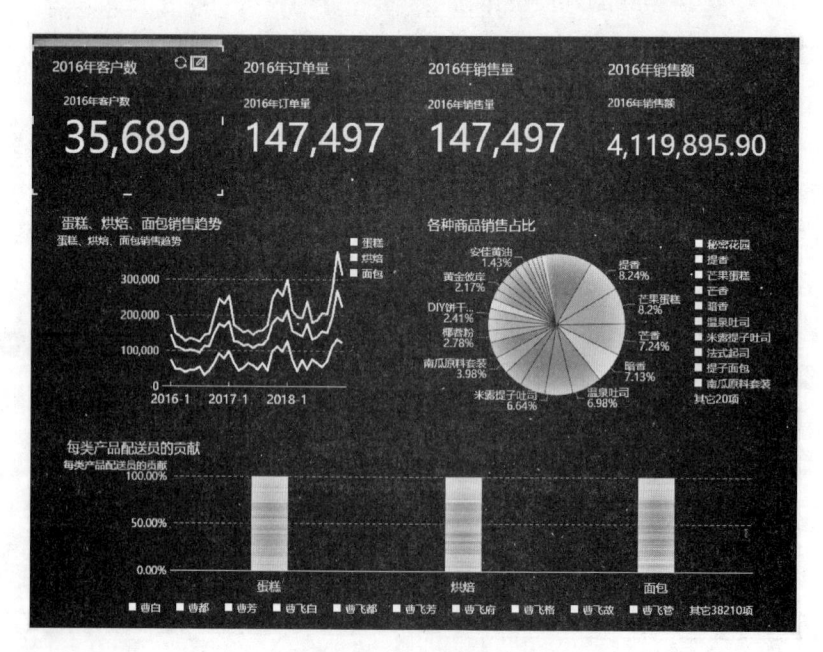

图6-84 点击编辑按钮

图 6-85　删除摘要

注意　该操作是在仪表板的基础上对组件进行编辑,点击完成后,仅影响仪表板的数据斗方图表,并未影响原数据斗方相关图表。

(17) 同样操作,编辑"2016年订单量""2016年销售量""蛋糕、烘焙、面包销售趋势""每类产品配送员的贡献"(见图6-86)。

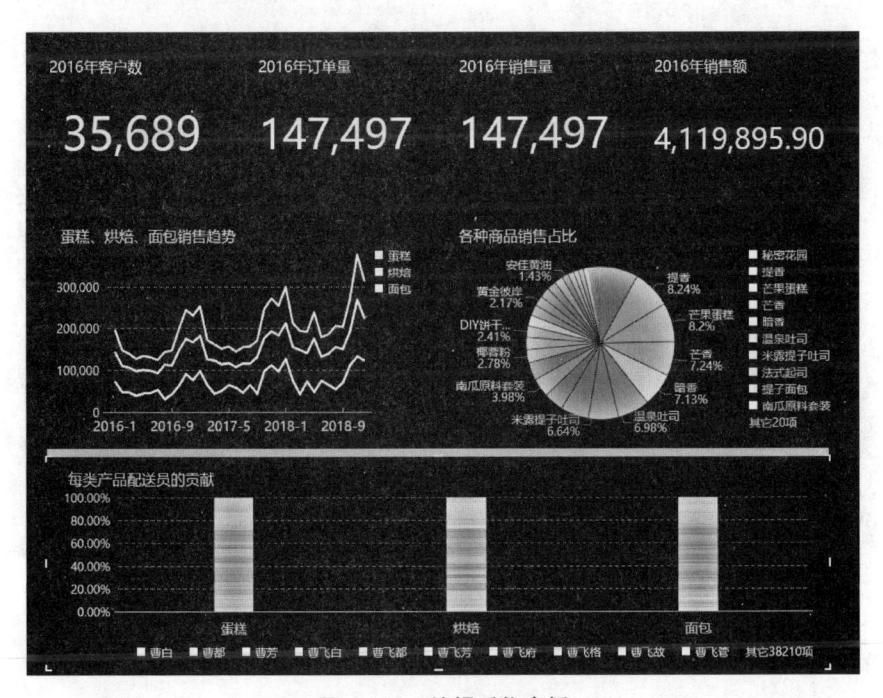

图 6-86　编辑后仪表板

(18) 选择左侧组件中"下拉列表",将其拖曳至仪表板,进入"下拉列表1的备选值"界面,组件项选择"数据斗方1"、字段项选择"类型",点击"确定"(见图6-87和图6-88)。

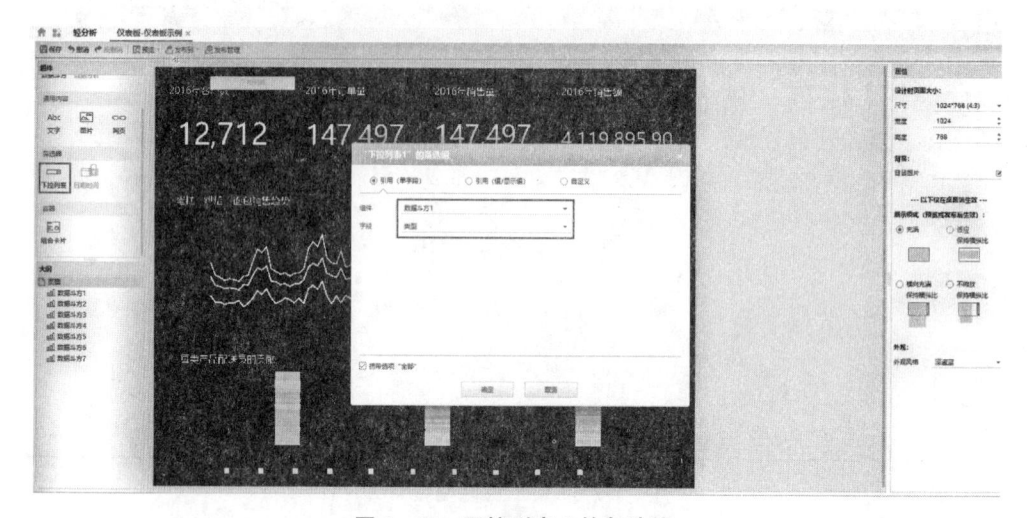

图6-87 下拉列表1的备选值

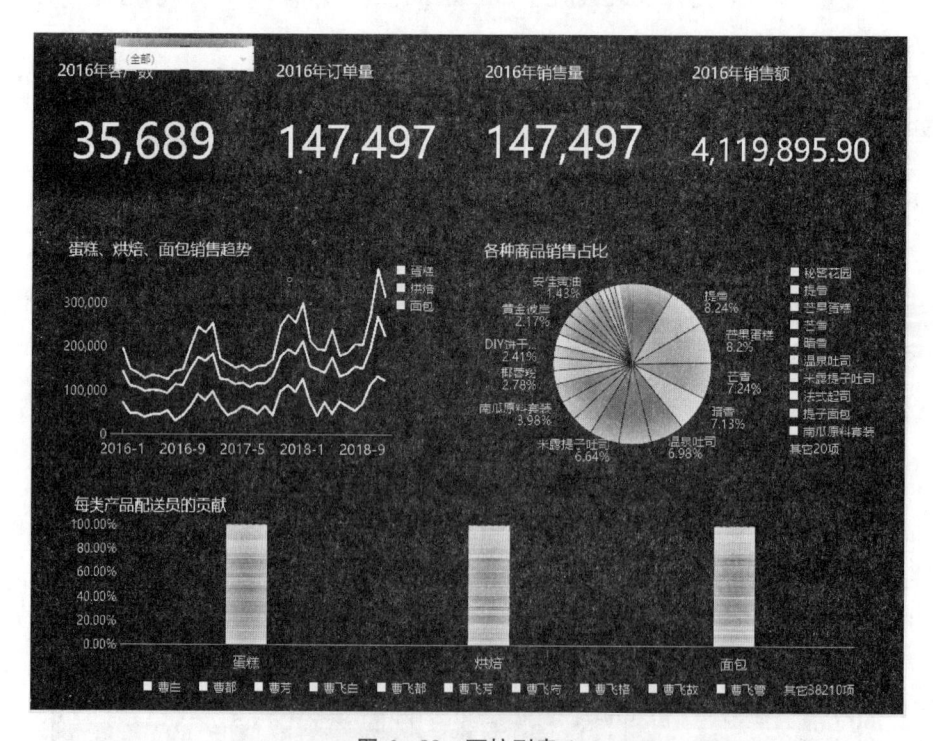

图6-88 下拉列表1

注意 点击下拉列表右侧的"▼",可根据需要选择不同产品类型,数据斗方1,即2016年客户数会随之发生改变。

(19) 选择下拉列表,点击右侧"数据—作用于"右侧" ",进入"下拉列表1—作用于"界面,组件项选择"数据斗方2"、字段项选择"类型",点击"确定"(见图6-89)。

图 6-89 下拉列表 1-作用于

> 🔊 **注意**

第一,点击下拉列表右侧的"▼",可根据需要选择不同产品类型,数据斗方 1(2016 年客户数)、数据斗方 2(2016 年订单量)会随之发生改变;

第二,在"作用于"界面,实现作用于不同数据斗方的前提是,各数据斗方必须具有相同字段,将该字段作为"字段项"填入,如数据斗方 1 和数据斗方 2 的相同字段可为"类型";

第三,以此类推,可根据"作用于",将下拉列表作用于数据斗方 3~数据斗方 7。

(20) 可根据左侧的通用内容,在仪表板中引入文字、图片、网页等,同学们可根据自己的喜好进行相应的设置(见图 6-90)。

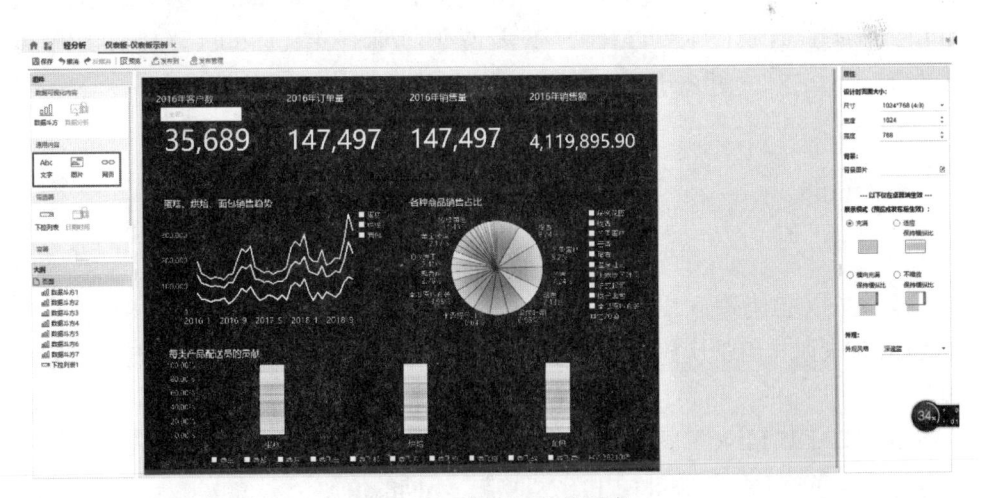

图 6-90 仪表板其他要素

6. 任务作业

(1) 梳理并总结数据仪表板可视化分析的步骤;

(2) 总结仪表板可视化分析中各环节的难点及重点。

第 7 章 SQL 简介及基本语法

7.1 SQL 简介

SQL 是结构化查询语言(Structured Query Language),是用于访问和处理数据库的标准的计算机语言,支持的数据库包括 MySQL、SQL Server、Access、Oracle、Sybase、DB2 等。

SQL 具有如下功能:面向数据库执行查询;从数据库取回数据;在数据库中插入新的记录;更新数据库中的数据;从数据库删除记录;创建新数据库;在数据库中创建新表;在数据库中创建存储过程;在数据库中创建视图;设置表、存储过程和视图的权限。

主要的 SQL 命令:"SELECT"从数据库中选取数据;"UPDATE"更新数据库中的数据;"DELETE"从数据库中删除数据;"INSERT INTO"向数据库中插入新数据;"CREATE DATABASE"创建新数据库;"ALTER DATABASE"修改数据库;"CREATE TABLE"创建新表;"ALTER TABLE"变更(改变)数据库表;"DROP TABLE"删除表;"CREATE INDEX"创建索引(搜索键);"DROP INDEX"删除索引。

7.2 SQL 基本语法

(1) SELECT 语句。

SELECT 语句用于从数据库中选取数据。结果被存储在一个结果表中,成为结果集。

SELECT DISTINCT 语句用于返回唯一不同的值。在表中,一个列可能会包含多个重复值,DISTINCT 关键词用于返回唯一不同的值。

SELECT WHERE 子句用于提取那些满足条件的记录。

(2) AND & OR 运算符。

AND & OR 运算符用于基于一个以上的条件对记录进行过滤。

(3) ORDER BY 关键字。

ORDER BY 关键字用于对结果集按照一个列或者多个列进行排序。ORDER BY 关键字默认按照升序对记录进行排序,使用 DESC 关键字可按降序对记录进行排序。

(4) GROUP BY 函数。

GROUP BY 语句用于结合聚合函数,根据一个或多个列对结果集进行分组。

(5) LIKE 操作符。

LIKE 操作符用于在 WHERE 子句中搜索列中的指定模式。

(6) SUM() 函数。

SUM() 函数返回数值列的总数。

(7) DATE_FORMAT() 函数。

DATE_FORMAT() 函数用于以不同的格式显示日期/时间数据(见表 7-1)。

表 7-1　format 参数格式及描述

格　式	描　述
%D	带有英文前缀的月中的天
%d	月的天,数值(00~31)
%M	月名
%m	月,数值(00~12)
%Y	年,4 位
%y	年,2 位

注意 date 参数是合法的日期。format 规定日期/时间的输出格式。

任务五　SQL 简介及基本语法

1. 任务目的

在教师的引导下,了解 SQL 的概念及基本应用场景,掌握 SQL 的基本语法。了解 SQL 在大数据中的作用,能够对数据库进行数据处理。

2. 任务内容

如何使用 SELECT 语句? 如何使用 AND & OR 运算符? 如何使用 ORDER BY 关键字? 如何使用 GROUP BY 函数? 如何使用 LIKE 操作符? 如何使用 SUM() 函数? 如何使用 DATE_FORMAT() 函数?

3. 任务准备

(1) 在"轻分析"|"分析入门"中,新建 SQL 入门业务主题;

(2) 进入"轻分析"|"分析入门"|"SQL 入门"|"数据建模"。

4. 任务要求

(1) 运用 SELECET 语句全查门店信息表;

(2) 运用 SELECET 语句查询门店信息表中的门店类型;

(3) 运用 AND & OR 运算符查询门店属性为商务且门店为瑞宝店；

(4) 运用 ORDER BY 关键字按门店类型升序；

(5) 运用 GROUP BY 函数按门店类型聚合门店属性为商务或亲子的门店；

(6) 运用 LIKE 操作符查询门店类型以中心结尾的门店信息；

(7) 运用 SUM() 函数统计各类商品的销售总金额；

(8) 运用 DATE_FORMAT() 函数查询下单时间。

5. 任务操作指导

(1) 在数据建模界面，点击"新建数据表"，选择"MySQL"，点击"下一步"(见图 7-1)。

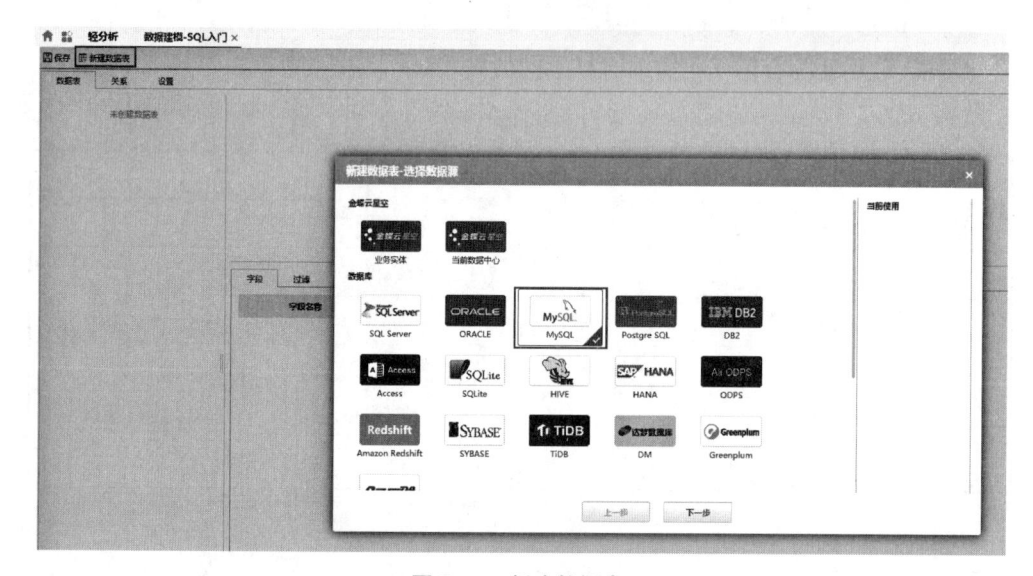

图 7-1 新建数据表

(2) 在连接数据库服务器界面，输入服务器、端口、用户名、密码等信息，点击"连接"，显示"连接成功"后，数据库为"business_data"，类型为"自定义 SQL"，点击"下一步"(见图 7-2)。

图 7-2 连接数据库服务器

(3) SELECT 语句使用。

① SELECT 语法——全查。

语法一:SELECT column_name1,column_name2 FROM table_name

示例:SELECT 门店,门店类型,门店属性,"门店地址(市级)","门店地址(区级)","地址(街道)"FROM 门店信息表

接前述步骤,进入"新建数据表-自定义 SQL"界面,名称输入"全查门店信息表语法一",SQL 框输入示例的语法,点击"完成",实现门店信息表的全查(见图 7-3 和图 7-4)。

图 7-3 编辑 SQL

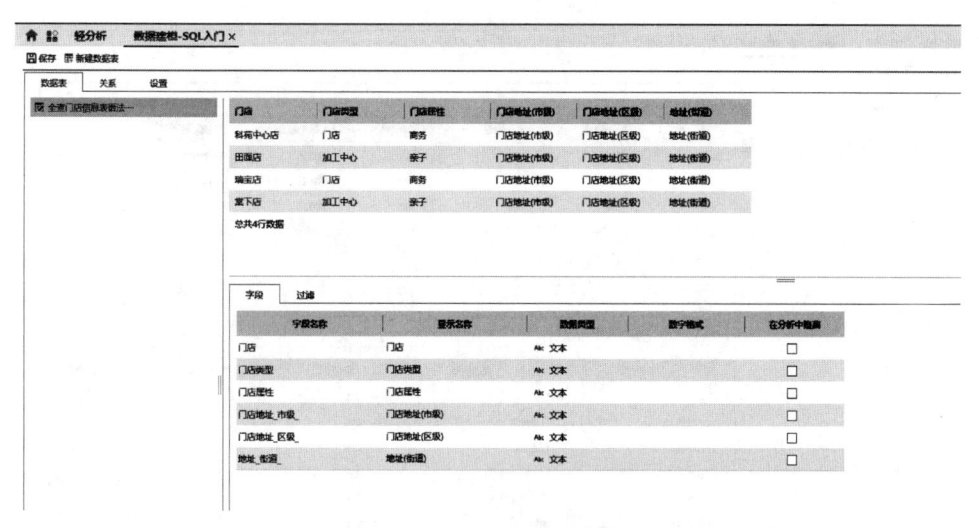

图 7-4 SQL 全查门店信息表

💡 **注意**

第一,语法中所有标点符号均为英文状态下输入;

第二,"column_name",即字段名,在字段名有括号等特殊符号时,必须加上英文状态下的双引号;

第三,"table_name",即表名;
第四,英文单词后需空1个字符,再接后续语句;
第五,关于语法中的英文单词,大写、小写均可。

语法二:SELECT * FROM table_name

示例:SELECT * FROM 门店信息表

按照前述步骤,进入"新建数据表－自定义SQL"界面,名称输入"全查门店信息表语法二",SQL框输入示例的语法,点击"完成",实现门店信息表的全查(见图7-5和图7-6)。

图 7-5 编辑 SQL

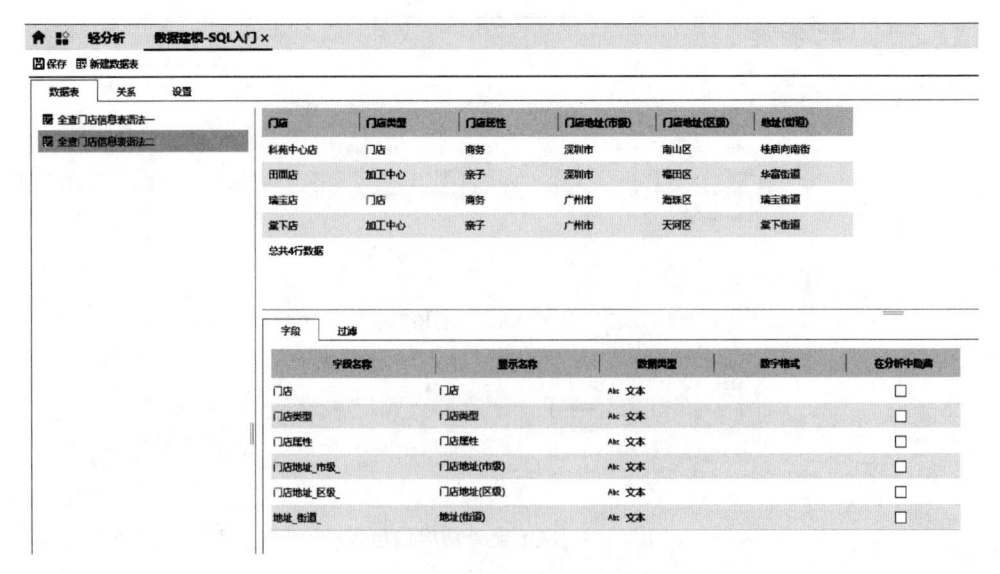

图 7-6 SQL 全查门店信息表

🔊 **注意**

第一,"*",即全部信息;
第二,语法一和语法二均可实现对门店信息表的全查。

② SELECT DISTINCT 语句(查询唯一值)。

语法:SELECT DISTINCT column_name1,column_name2 FROM table_name

示例:SELECT DISTINCT 门店类型 FROM 门店信息表

按照前述步骤,进入"新建数据表－自定义 SQL"界面,名称输入"查询门店类型",SQL 框输入示例的语法,点击"完成",实现从门店信息表查询唯一值门店类型(见图 7-7 和图 7-8)。

图 7-7 编辑 SQL

图 7-8 从门店信息表查询唯一值门店类型

③ SELECT WHERE 条件查询。

语法:SELECT column_name1,column_name2 FROM table_name WHERE column_name3 operator value

示例:select * from 门店信息表 where 门店属性 = "商务"

按照前述步骤,进入"新建数据表－自定义 SQL"界面,名称输入"门店属性为商务的门店",SQL 框输入示例的语法,点击"完成",实现从门店信息表查询门店属性为商务的门店(见图 7-9 和图 7-10)。

图 7‑9　编辑 SQL

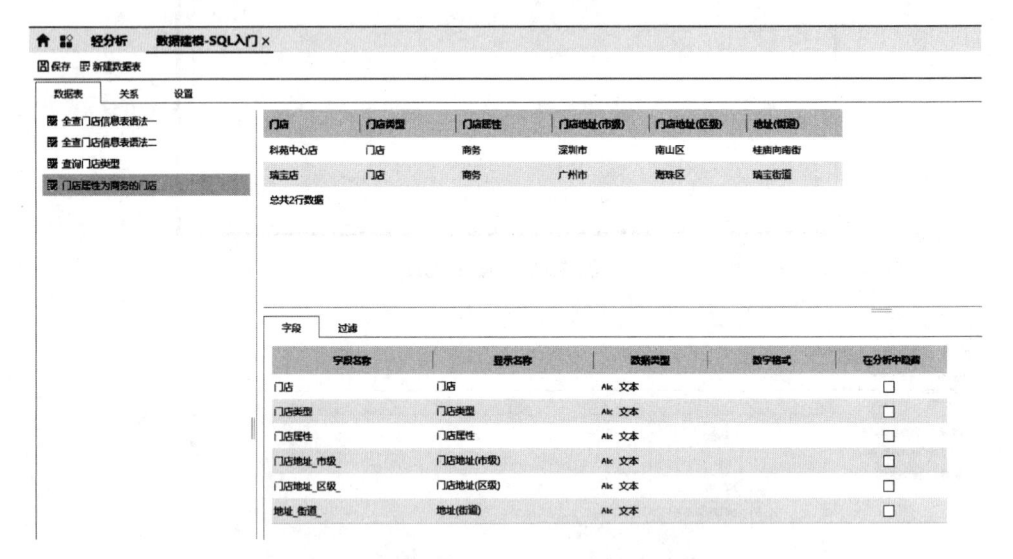

图 7‑10　从门店信息表查询门店属性为商务的门店

> **注意**　条件字段需加英文状态下的双引号。

（4）AND & OR 运算符。

① AND。

示例：select * from 门店信息表 where 门店属性 ="商务" and 门店 = "瑞宝店"

按照前述步骤，进入"新建数据表－自定义 SQL"界面，名称输入"门店属性为商务且门店为瑞宝店"，SQL 框输入示例的语法，点击"完成"，实现从门店信息表查询门店属性为商务且门店为瑞宝店的门店（见图 7‑11 和图 7‑12）。

② OR。

示例：select * from 门店信息表 where 门店属性 = "商务" or 门店 = "瑞宝店"

按照前述步骤，进入"新建数据表－自定义 SQL"界面，名称输入"门店属性为商务或门店为瑞宝店"，SQL 框输入示例的语法，点击"完成"，实现从门店信息表查询门店属性为商务或门店为瑞宝店的门店（见图 7‑13 和图 7‑14）。

图 7-11　编辑 SQL

图 7-12　从门店信息表查询门店属性为商务且门店为瑞宝店的门店

图 7-13　编辑 SQL

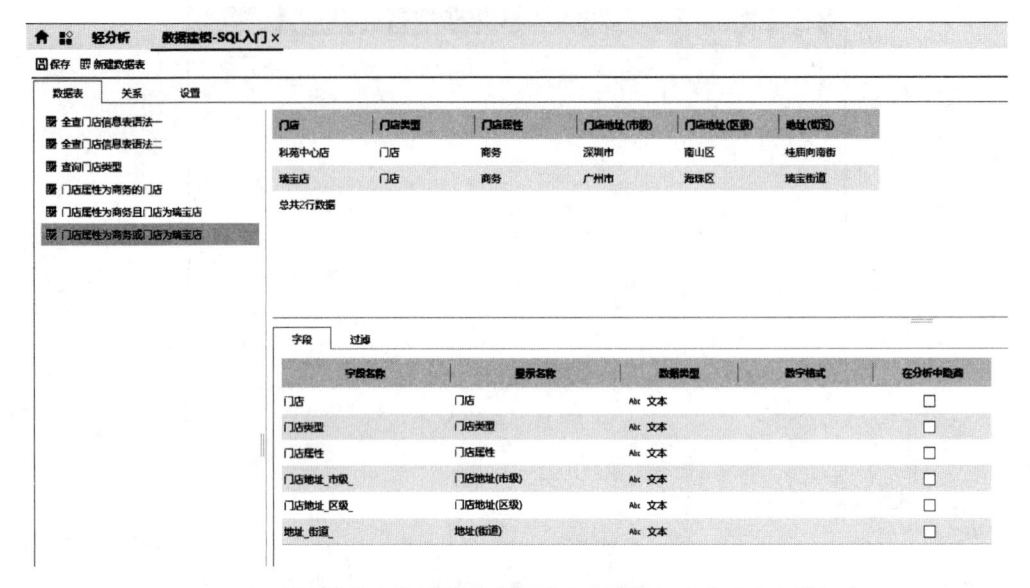

图 7-14 从门店信息表查询门店属性为商务或门店为瑞宝店的门店

(5) ORDER BY 关键字。

语法：SELECT column_name1,column_name2 FROM table_name ORDER BY column_name3,column_name4 ASC|DESC

示例升序 ASC：select * from 门店信息表 order by 门店类型 asc

按照前述步骤，进入"新建数据表－自定义 SQL"界面，名称输入"按门店类型升序"，SQL 框输入示例的语法，点击"完成"，实现将门店信息表按门店类型进行升序排列（见图 7-15 和图 7-16）。

图 7-15 编辑 SQL

图 7-16 将门店信息表按门店类型进行升序排列

示例降序 DESC：select * from 门店信息表 order by 门店类型 desc

按照前述步骤，进入"新建数据表－自定义 SQL"界面，名称输入"按门店类型降序"，SQL 框输入示例的语法，点击"完成"，实现按门店类型对门店信息表降序排列（见图 7-17 和图 7-18）。

图 7-17 编辑 SQL

图 7-18 按门店类型对门店信息表降序排列

(6) GROUP BY 函数。

语法：SELECT column_name1，aggregate_function(column_name2)

　　　FROM table_name

　　　WHERE column_name3 operator value

　　　GROUP BY column_name

示例：select * from 门店信息表 where 门店属性 = "商务" or 门店属性 ="亲子" group by 门店类型

按照前述步骤，进入"新建数据表－自定义 SQL"界面，名称输入"按门店类型聚合门店属性为商务或亲子的门店"，SQL 框输入示例的语法，点击"完成"，实现按门店类型聚合门店属性为商务或亲子的门店（见图 7－19 和图 7－20）。

图 7-19　编辑 SQL

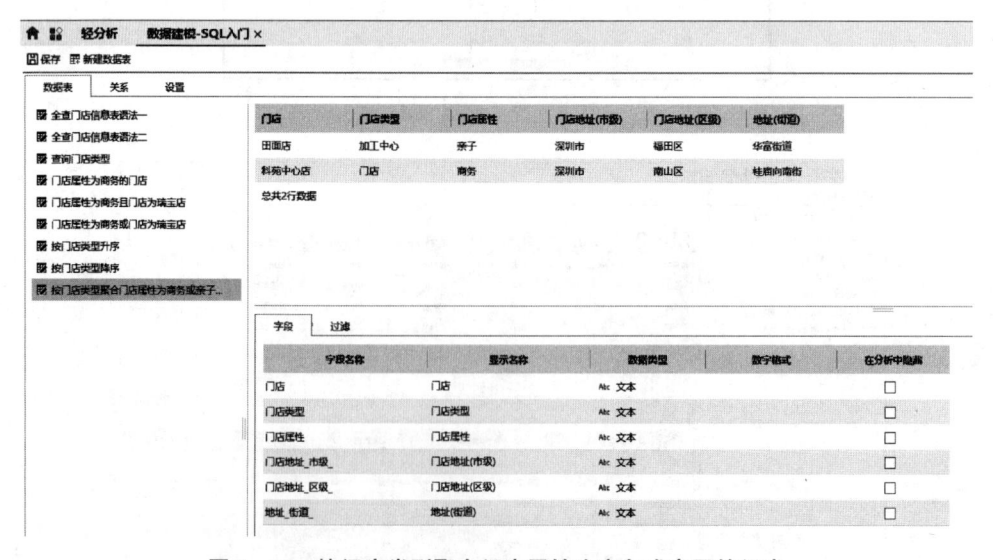

图 7-20　按门店类型聚合门店属性为商务或亲子的门店

（7）LIKE 操作符。

语法：SELECT column_name1
　　　　FROM table_name
　　　　WHERE column_name2 LIKE pattern

示例：SELECT * FROM 门店信息表 WHERE 门店 LIKE "瑞宝%"

按照前述步骤，进入"新建数据表－自定义 SQL"界面，名称输入"门店以瑞宝开始"，SQL 框输入示例的语法，点击"完成"，查询门店以瑞宝开始的门店信息（见图7-21和图7-22）。

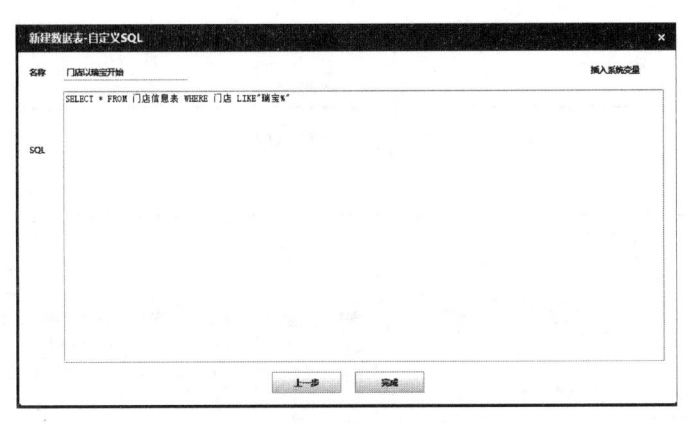

图 7-21　编辑 SQL

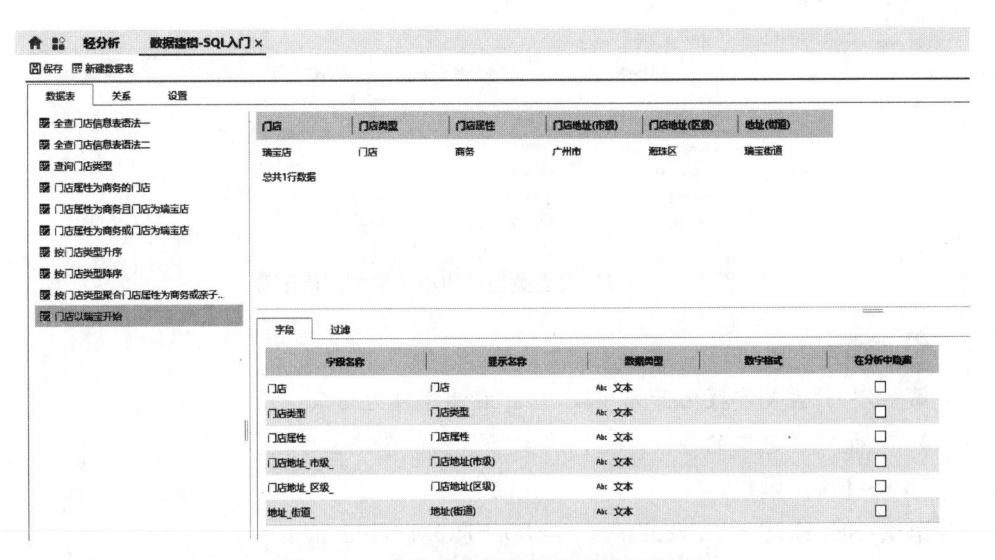

图 7-22　查询门店以瑞宝开始的门店信息

示例：SELECT * FROM 门店信息表 WHERE 门店类型 LIKE "%中心"

按照前述步骤，进入"新建数据表－自定义 SQL"界面，名称输入"门店类型以中心结尾"，SQL 框输入示例的语法，点击"完成"，查询门店类型以中心结尾的门店信息

(见图 7-23 和图 7-24)。

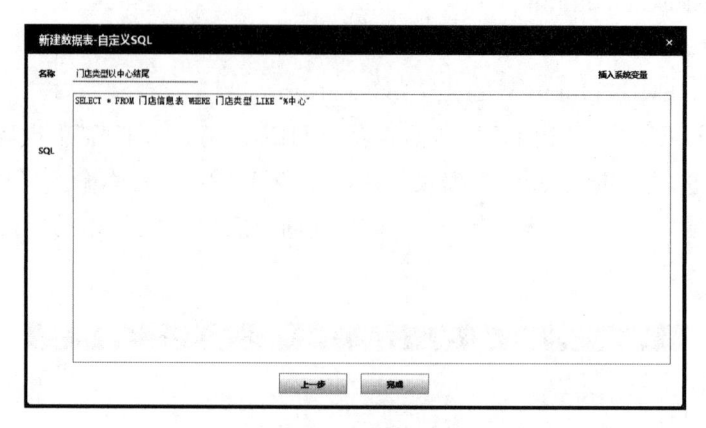

图 7-23 编辑 SQL

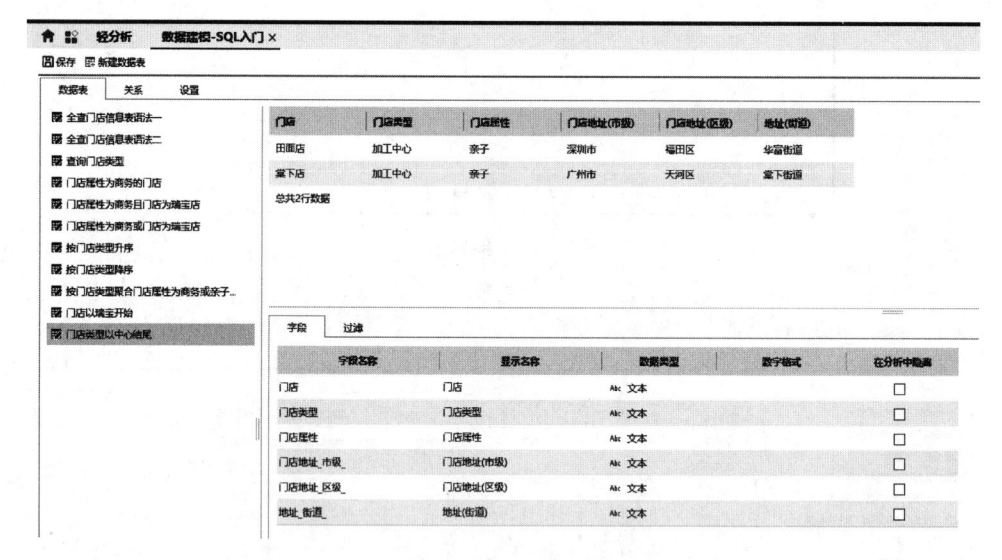

图 7-24 查询门店类型以中心结尾的门店信息

> **注意**

第一,"％"左侧字段为开始字段,"％"右侧字段为结束字段;
第二,被"％"包围的字段,如"％瑞宝％",表示含瑞宝字段。
(8) SUM() 函数。

语法:SELECT SUM(column_name) FROM table_name

示例:select 门店,sum(总金额) from 销售订制单 group by 门店

按照前述步骤,进入"新建数据表－自定义 SQL"界面,名称输入"统计各门店的销售总金额",SQL 框输入示例的语法,点击"完成",统计各门店的销售总金额(见图 7-25 和图 7-26)。

图 7–25　编辑 SQL

图 7–26　统计各门店的销售总金额

示例：select 商品名称,sum(总金额) from 销售订制单 group by 商品名称

按照前述步骤，进入"新建数据表—自定义 SQL"界面，名称输入"统计各类商品的销售总金额"，SQL 框输入示例的语法，点击"完成"，统计出各类商品的销售总金额（见图 7–27 和图 7–28）。

图 7–27　编辑 SQL

· 89 ·

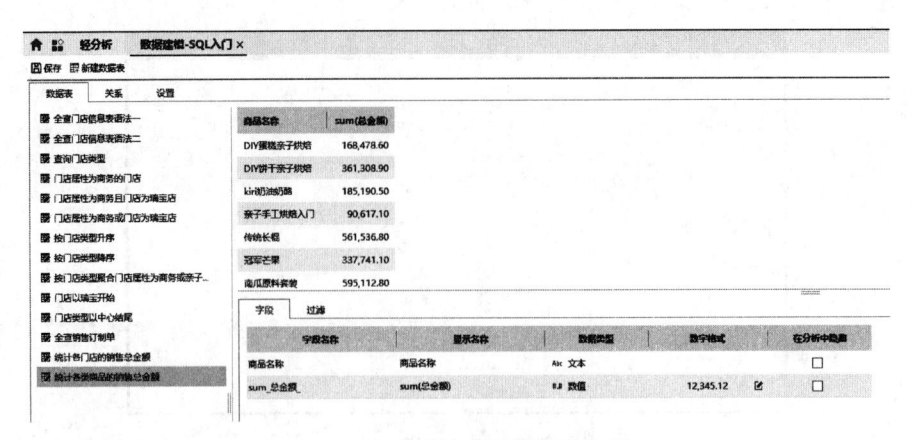

图 7-28 各类商品的销售总金额

示例:select 商品名称,sum(总金额),sum(数量) from 销售订制单 where 类型 = '蛋糕' group by 商品名称

按照前述步骤,进入"新建数据表－自定义 SQL"界面,名称输入"统计蛋糕的销售总金额",SQL 框输入示例的语法,点击"完成",统计出蛋糕的销售总金额(见图 7-29 和图 7-30)。

图 7-29 编辑 SQL

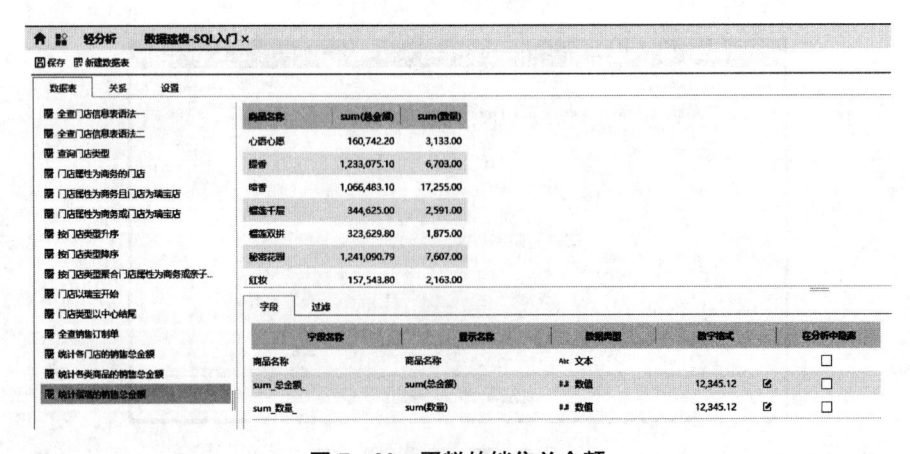

图 7-30 蛋糕的销售总金额

(9) DATE_FORMAT() 函数。

语法:DATE_FORMAT(date,format)

示例: select date_format(下单时间,'％Y-％m-％d') from 销售订制单

按照前述步骤,进入"新建数据表－自定义 SQL"界面,名称输入"查询下单时间",SQL 框输入示例的语法,点击"完成",实现从销售订制单查询下单时间(见图 7‑31 和图7‑32)。

图 7‑31　编辑 SQL

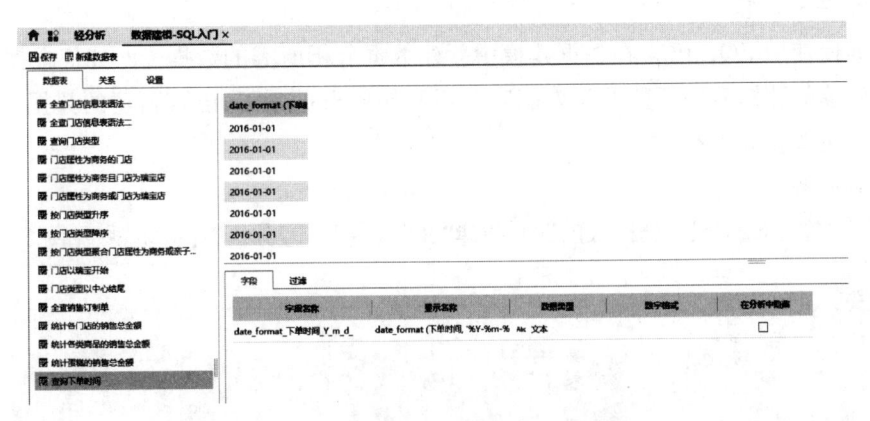

图 7‑32　从销售订制单查询下单时间

6. 任务作业(数据源:企业客户信息表)

(1) 了解所有的企业客户详细信息。(SELECT 语法—全查)

(2) 企业客户信息表中的客户类型有几种？(SELECT DISTINCT 语句)

(3) 了解企业客户信息表中,重要性为"2"的详细客户信息。(SELECT WHERE 条件查询)

(4) 了解客户信息表中,类型为"合作企业"并且重要性为"3"的详细客户信息。(AND & OR 运算符)

(5) 对企业客户按重要性进行降序排列。(ORDER BY 关键字)

(6) 对企业客户按重要性进行分组。(GROUP BY 函数)

(7) 查询企业客户信息,公司名称带有"公司"字符的所有数据。(LIKE 操作符)

第 8 章　SQL 应用——轻分析

SQL 语言作为一种访问和操作数据库的计算机语言，可以协同数据库程序一起工作。在数据库的应用过程中，数据库的查询工作是不可避免的，也是数据库应用中很重要的一个方面。

任务六　SQL 应用——轻分析

1. 任务目的

掌握 SQL 语言在数据分析中的应用。

2. 任务内容

如何使用 SQL 语言在数据建模中新建数据分析所需的数据表？如何根据 SQL 语言新建的数据表进行数据斗方图表分析？如何根据 SQL 语言新建的数据表进行数据分析图表分析？

3. 任务准备

(1) 在"轻分析"|"分析入门"中，新建"SQL 应用—轻分析"业务主题（见图 8-1）。

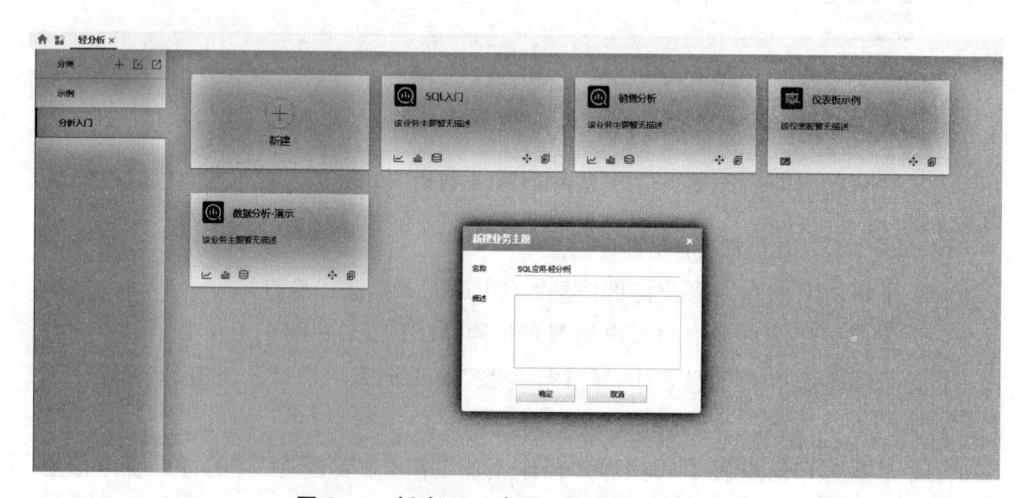

图 8-1　新建 SQL 应用—轻分析业务主题

(2) 进入"轻分析"|"分析入门"|"SQL 应用—轻分析"|"数据建模"（见图 8-2）。

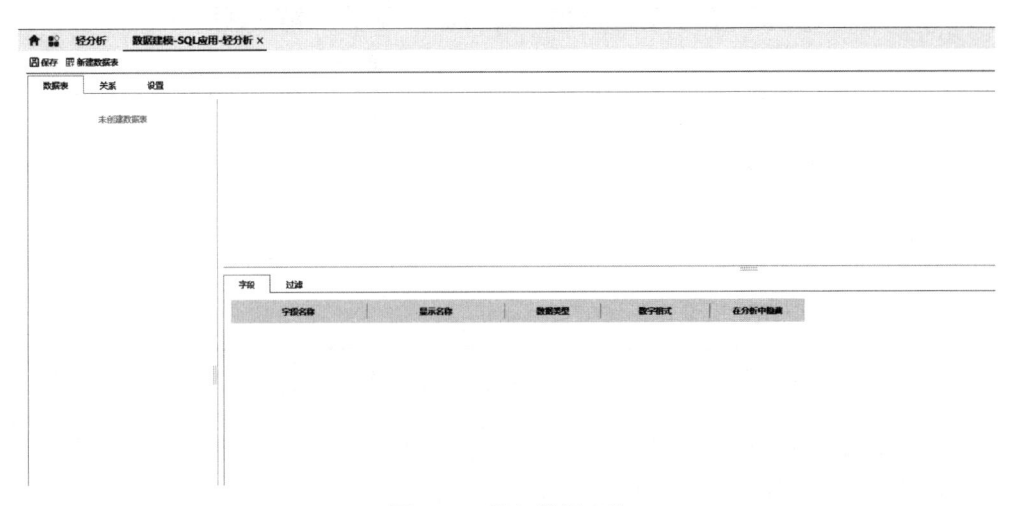

图 8-2　进入数据建模

4. 任务要求

(1) 运用 SQL 语言在数据建模中新建数据表；

(2) 根据数据建模中 SQL 语言新建的数据表，进行数据斗方图表分析；

(3) 根据数据建模中 SQL 语言新建的数据表，进行数据分析图表分析。

5. 任务操作指导

(1) 在数据建模界面，点击"新建数据表"，选择"MySQL"，点击"下一步"(见图 8-3)。

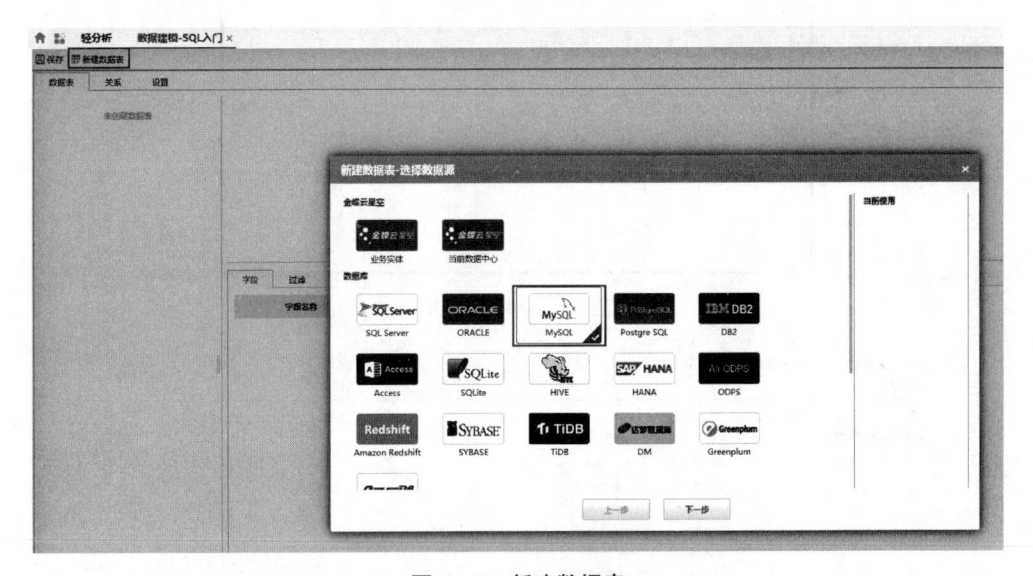

图 8-3　新建数据表

(2) 在连接数据库服务器界面，输入服务器、端口、用户名、密码等信息，点击"连接"，显示"连接成功"后，数据库选择"business_data"，类型选择"自定义 SQL"，点击"下一步"(见图 8-4)。

图 8-4 连接数据库服务器

（3）**语法示例**：SELECT DATE_FORMAT(下单时间,'20%y-%m-01') AS 日期，SUM(总金额) AS 实际销售额

FROM 销售订制单

GROUP BY DATE_FORMAT(下单时间,'20%y-%m-01')

接前述步骤，进入"新建数据表－自定义 SQL"界面，名称输入"按月汇总实际销售额"，SQL 框输入示例的语法，点击"完成"，实现按月汇总实际销售额（见图 8-5 和图 8-6）。

图 8-5 编辑 SQL

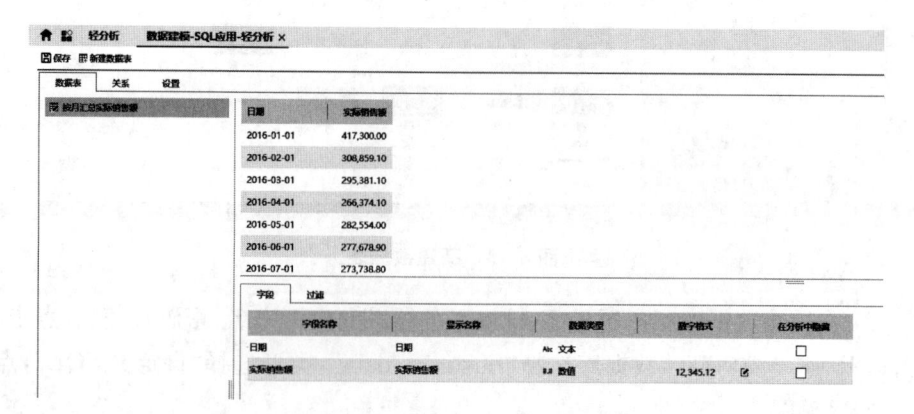

图 8-6 按月汇总实际销售额

🔊 **注意** "AS"函数,可实现字段重命名。

(4) 点击"保存"按钮,退出数据建模界面(见图 8-7)。

图 8-7 保存按月汇总实际销售额数据表

(5) 点击"数据斗方",进入数据斗方界面(见图 8-8)。

图 8-8 点击数据斗方

(6) 以按月汇总实际销售额为数据源,选择折线图。在"横轴"中拖入"日期";"纵轴"中拖入"实际销售额",度量为"求和"。得出数据斗方-折线图(见图 8-9)。

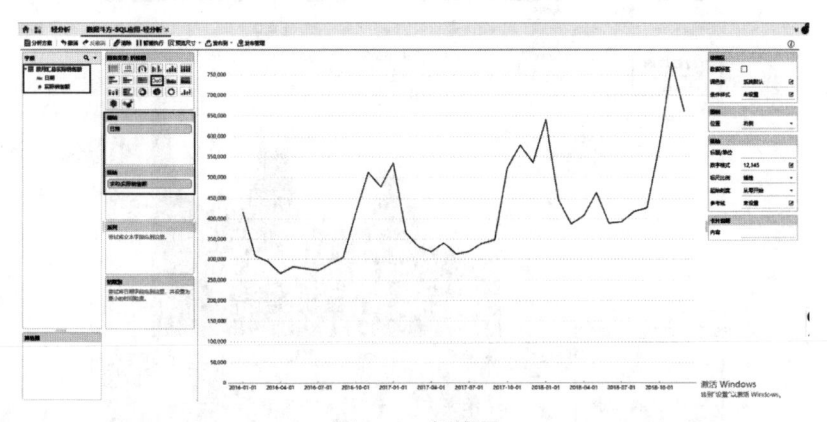

图 8-9 折线图

🔊 **注意** 运用 SQL 语言在数据建模中新建数据分析所需要的数据表,再进入数据斗方中根据需要进行不同的图表分析。

(7) 点击左侧"分析方案",选择"另存为",为分析方案命名后,点击"保存"(见图 8-10)。

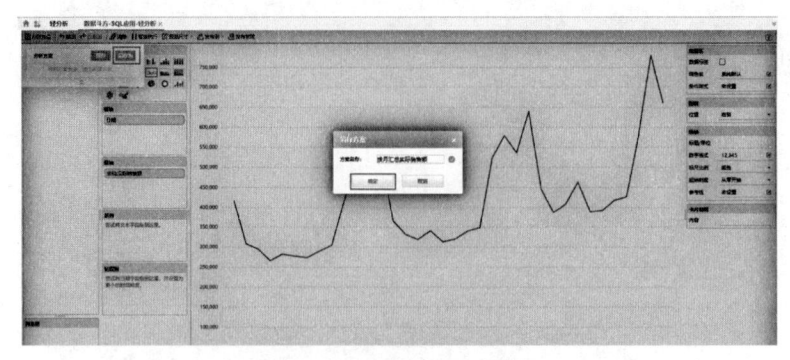

图 8-10 保存分析方案

(8) 点击"数据分析",进入数据分析界面(见图 8-11)。

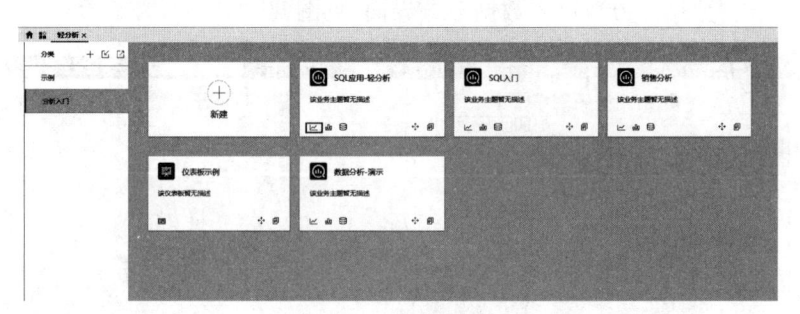

图 8-11 点击数据分析

(9) 以按月汇总实际销售额为数据源,选择面积图。在"列"中拖入"日期";在"行"中拖入"实际销售额",度量为"求和"。得出数据分析—面积图(见图 8-12)。

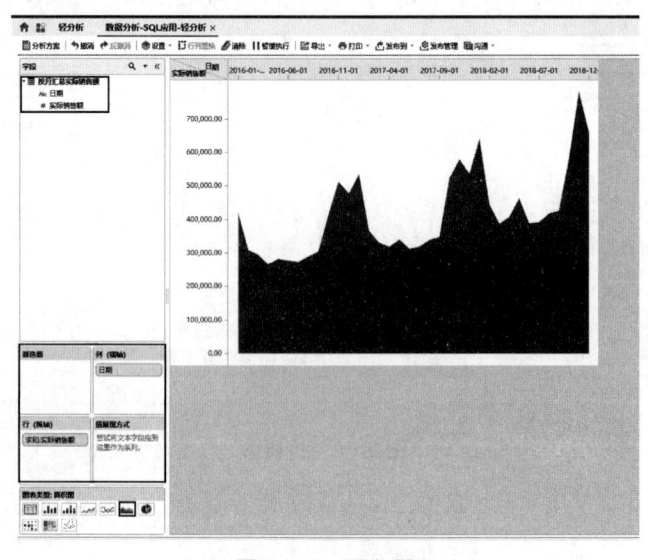

图 8-12 面积图

（10）点击左侧"分析方案"，选择"另存为"，为分析方案命名后，点击"确定"（见图 8-13）。

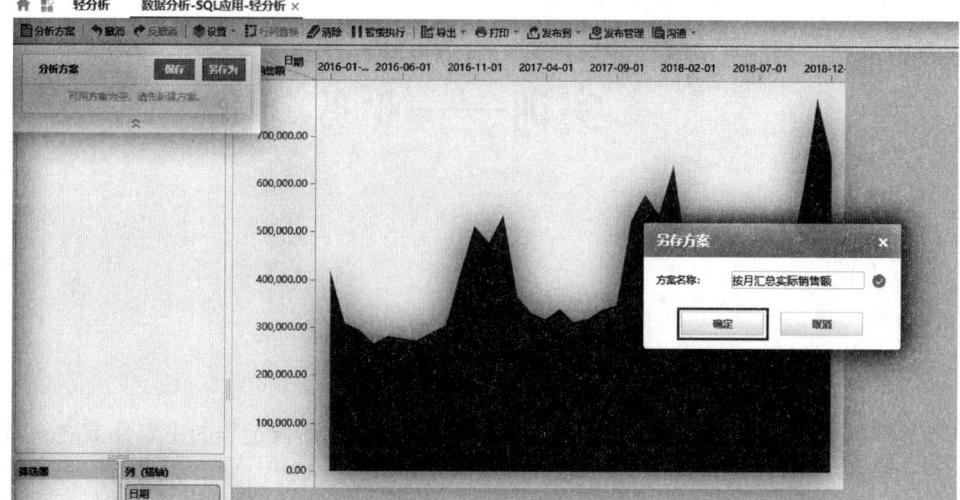

图 8-13　保存分析方案

🔊 **注意**　运用 SQL 语言在数据建模中新建数据分析所需要的数据表，再进入数据分析中根据需要进行不同的图表分析。

6. 任务作业（数据源为门店销售计划）

（1）按月汇总计划销售额，并在数据斗方中绘制环形图；

（2）按月汇总计划销售额，并在数据分析中绘制饼图。

第 9 章　财务大数据分析综合实训——业务分析

9.1　销售主题

销售是指企业生产成果的实现活动，它作为企业生产运营过程的主要环节之一，在新零售模式下，拥有着更为海量的数据，如何在如此庞大的数据量中分析月销售情况、各产品销售占比，以及各分子公司、门店的总体销售额和销售完成率，成为挖掘数据价值、提升企业竞争力的关键。本节依托金蝶云星空平台，运用数据可视化分析以及 SQL 语言，对案例销售数据进行快速整理与分析，挖掘数据价值，提升企业销售决策能力。

任务七　月销售情况分析

1. 任务目的

分析企业一定时期内销售额及销售量的趋势变化，了解企业经营状况，为企业制订下一期的销售计划和销售战略提供参考。

2. 任务内容

企业销售主管每个月都要查看当月销售情况，如何查看每个月的销售额及销量？

3. 任务准备

(1) 新建一个业务主题，命名为"销售主题"，点击"确定"，完成创建；

(2) 进入"数据建模"。

4. 任务要求

(1) 分析总体月销售额趋势；

(2) 分析总体月销售量趋势。

5. 任务操作指导

(1) 进入数据建模，点击"新建数据表"，选择 MySQL 数据库，点击"下一步"，输入服务器、端口、用户名和密码后点击"连接"，数据库为"business_data"，类型为"表"，点击"下一步"；进入新建数据表后选择"销售订制单"，然后点击"下一步"进入下一个界面，在字段界面直接选择"完成"，销售订制单的数据表建立完成，同时点击左上角的"保存"按钮，实现销售订制单的保存（见图 9-1～图 9-3）。

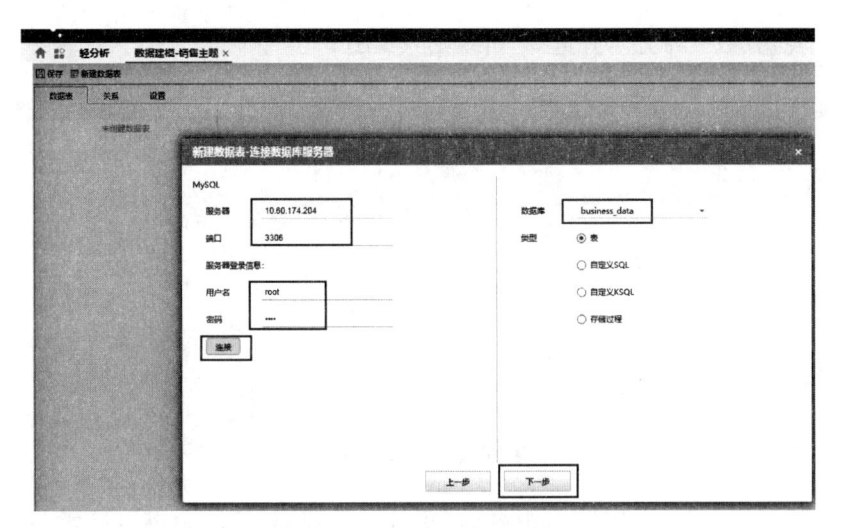

图 9-1　连接数据库服务器

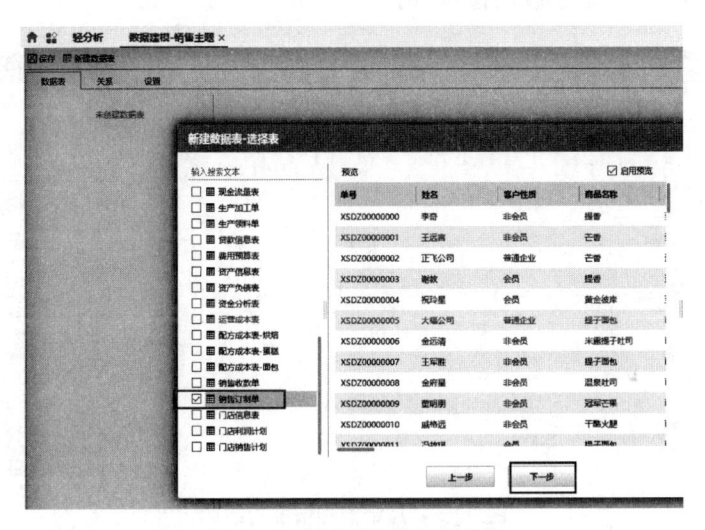

图 9-2　选择"销售订制单"

图 9-3　保存"销售订制单"

(2) 点击"数据斗方",并选择"折线图"(见图9-4)。

图9-4 选择折线图

(3) 横轴拖入"下单时间",维度为"年月";纵轴拖入"总金额",度量为"求和"。"下单时间"和"总金额"字段均选自"销售订制单"(见图9-5)。

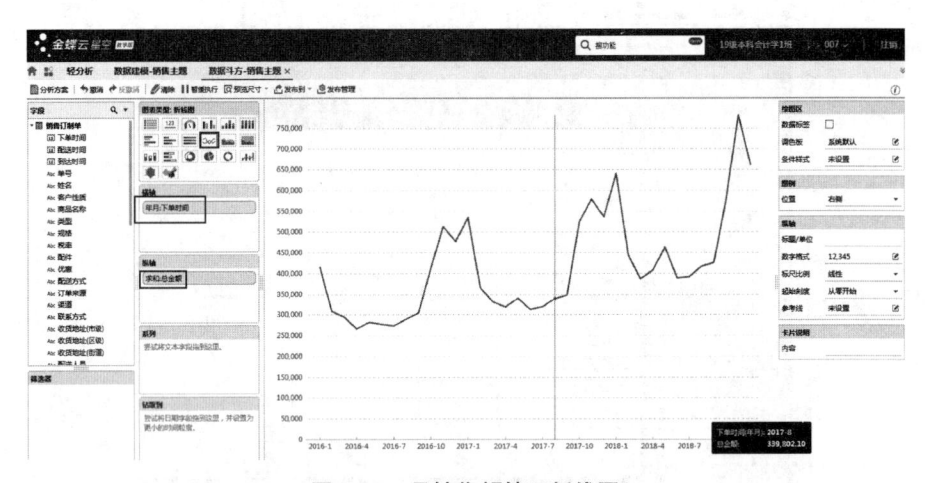

图9-5 月销售额情况折线图

(4) 点击"分析方案",选择"另存为",方案名称"月销售额情况分析",点击"确定"(见图9-6和图9-7)。

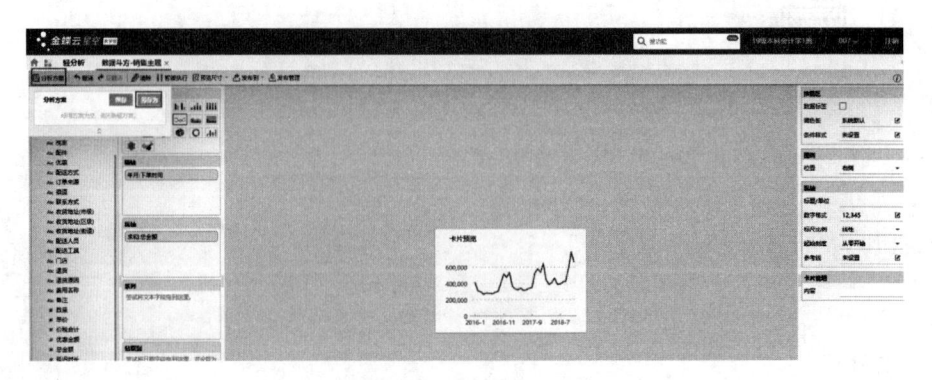

图9-6 保存折线图

图 9-7　保存为"月销售额情况分析"

(5) 选择"折线图",横轴拖入"下单时间",维度为"年月";纵轴拖入"单号",度量为"计数"。"下单时间"和"单号"字段均选自"销售订制单"(见图 9-8)。

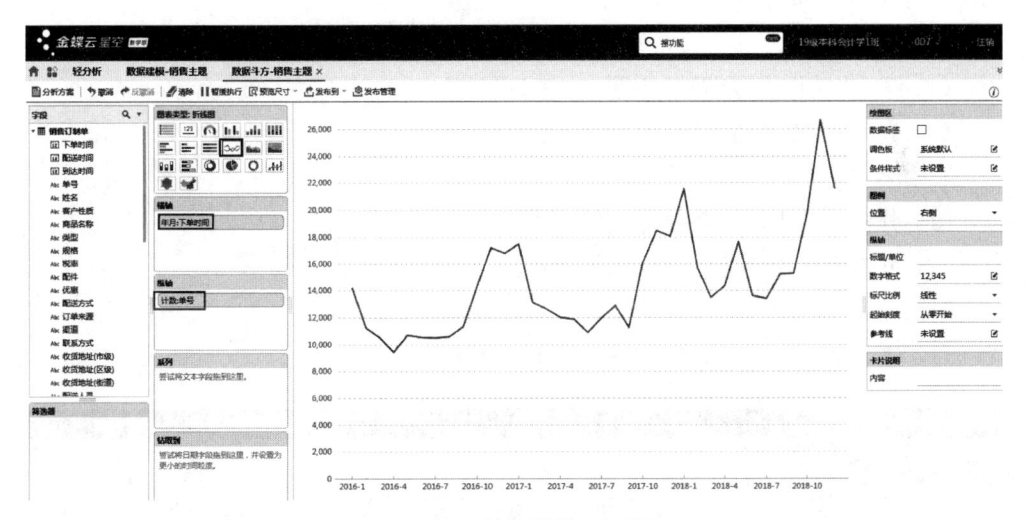

图 9-8　月销售量情况折线图

(6) 点击"分析方案",选择"另存为",方案名称"月销售量情况分析",点击"确定"(见图 9-9)。

图 9-9　另存为"月销售量情况分析"

6. 任务作业

(1) 自行根据数据分析需要,计算某门店销售额趋势分析;

(2) 自行根据数据分析需要,计算某门店销售量趋势分析;

(3) 自行根据数据分析需要,计算总体某月实际销售额。

任务八　销售结构分析

1. 任务目的

由于销售存在周期性、季节性变动的问题,分析不同店面、不同商品的销售情况,以饼图的形式直观展示,方便后续对销售情况不佳的部分进行深入分析,提出有针对性的策略。

2. 任务内容

科苑中心店店长为优化商品的结构,想要了解近几个月各商品的销售比例,应该如何去分析呢? 如何调整商品结构?

3. 任务准备

(1) 进入"销售主题"业务主题;

(2) 进入"数据斗方"。

4. 任务要求

(1) 分析科苑中心店各商品销售额占比;

(2) 分析科苑中心店各商品销售量占比。

5. 任务操作指导

(1) 进入数据斗方,点击"饼图"(见图9-10)。

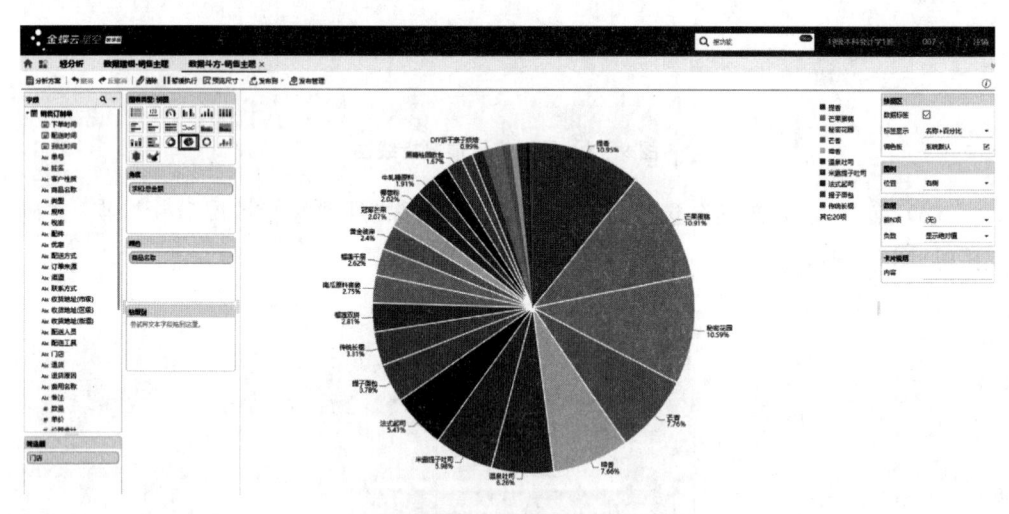

图9-10　选择饼图

(2) 角度拖入"总金额",颜色拖入"商品名称",筛选器拖入"门店",选择门店类型"科苑中心店";同时选择右上角的数据标签。"总金额""商品名称"和"门店"字段均选自"销售订制单"(见图9-11、图9-12)。

图 9-11 选择"科苑中心店"

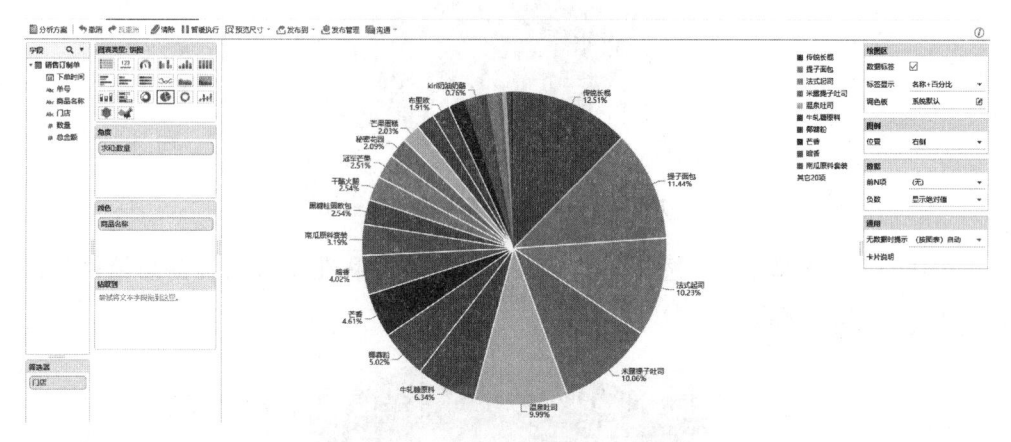

图 9-12 科苑中心店各商品销售额占比图

(3) 点击"分析方案",选择"另存为",方案名称"科苑中心店各商品销售额占比分析",点击"确定"(见图 9-13)。

图 9-13 另存为"科苑中心店各商品销售额占比"

(4) 选择"饼图",角度拖入"数量",颜色拖入"商品名称",筛选器拖入"门店",选择门店类型"科苑中心店";同时选择右上角属性设置区域的"数据标签"。"数量""商品名称"和"门店"字段均选自"销售订制单"(见图 9-14、图 9-15)。

图 9-14 选择"科苑中心店"

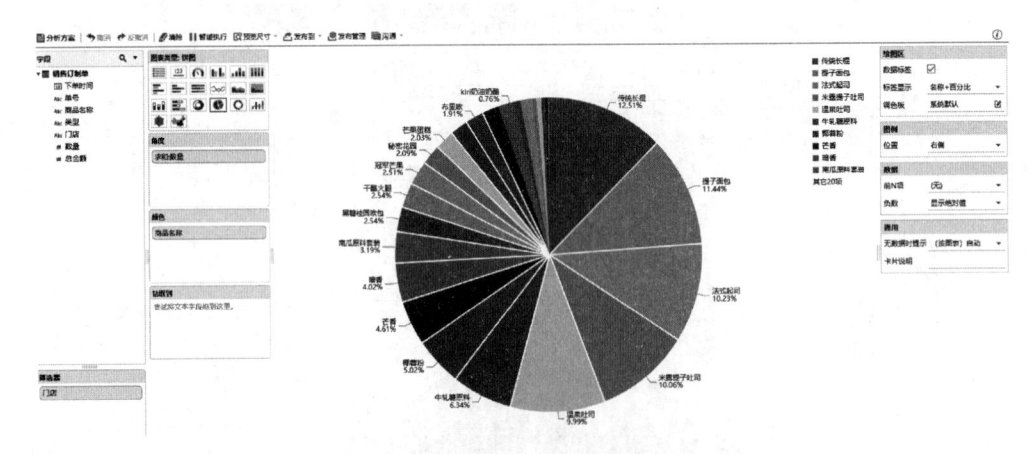

图 9‑15　科苑中心店各商品销售量占比图

（5）点击"分析方案"，选择"另存为"，方案名称"科苑中心店各商品销售量占比"，点击"确定"（见图 9‑16）。

图 9‑16　另存为"科苑中心店各商品销售量占比"

6. 作业任务

（1）自行根据数据分析需要，计算各商品销售额占比；

（2）自行根据数据分析需要，计算各商品销售量占比；

（3）自行根据数据分析需要，计算蛋糕类商品销售额占比；

（4）自行根据数据分析需要，计算面包类商品销售量占比。

任务九　年销售情况分析

1. 任务目的

分析企业一年时间内各个门店的总体销售额及销量的完成情况，了解企业经营状况，为企业制订下一年的销售计划和销售战略提供参考。销售计划完成率不仅可以体现某个产品、门店、时间段的销售额，同时也帮助管理者判断当期销售额的完成情况，也能帮助管理者把握企业的发展。

2. 任务内容

企业销售主管 2018 年年末要编写年度报告，需要了解各门店本年的总体销售额情况以及销售完成情况，可以为主管提供哪些指标或数据？

3. 任务准备

(1) 进入"销售主题"业务主题；

(2) 进入"数据建模"。

4. 任务要求

分析各门店销售计划完成率。

5. 任务操作指导

(1) 进入数据建模，点击"新建数据表"，选择 MySQL 数据库，点击下一步，输入服务器、端口、用户名和密码后点击"连接"，数据库为"business_data"，类型为"自定义 SQL"，点击"下一步"；进入"新建数据表－自定义 SQL"界面，输入名称：门店月度销售汇总表，SQL 代码为：

SELECT a.日期,a.门店,a.计划销售额,b.实际销售额

FROM (SELECT date_format(日期,'20%y-%m-01') AS 日期,门店,

SUM(计划销售额) AS 计划销售额

FROM 门店销售计划

GROUP BY date_format(日期,'20%y-%m-01'),门店) a,

(SELECT date_format(下单时间,'20%y-%m-01') AS 日期,门店,

SUM(总金额) AS 实际销售额

FROM 销售订制单

WHERE 下单时间>='2018-01-01'

GROUP BY date_format(下单时间,'20%y-%m-01'),门店) b

WHERE a.日期=b.日期 and a.门店 = b.门店

GROUP BY a.日期,门店

输入完上述代码后点击"完成"，同时进入下一个界面，保存"门店月度销售汇总表"(见图9-17～图9-19)。

图 9-17 选择"自定义 SQL"

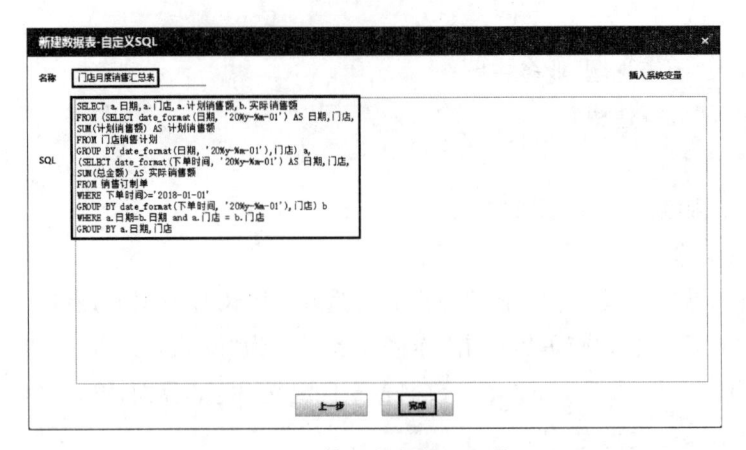

图 9‑18　输入名称和 SQL 代码

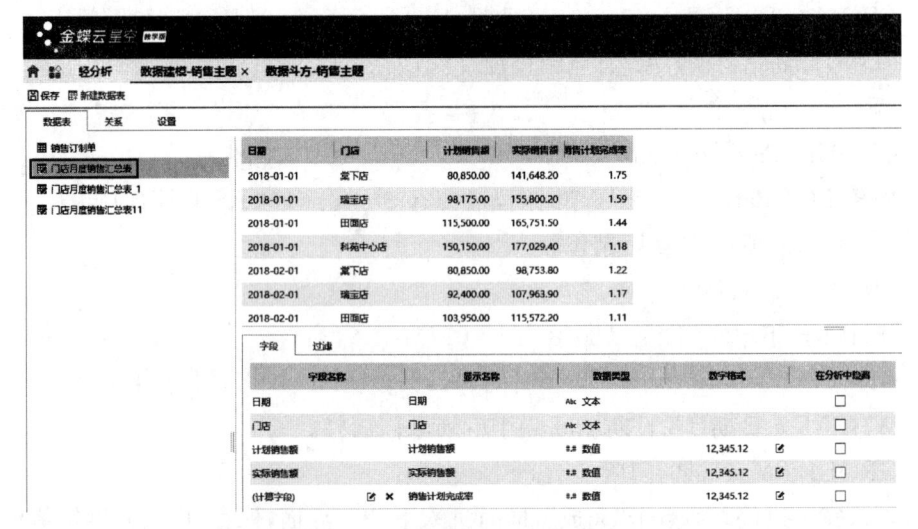

图 9‑19　保存"门店月度销售汇总表"

> **注意**

第一，a、b 是给数据表重命名用的，在该语法中，新形成了 a 数据表和 b 数据表。

第二，字段前面加 a 或者 b，是为了说明该字段取自哪张数据表，如"a.日期"，即"日期"字段取自 a 数据表。

第三，SQL 语句中的标点符号，存在采用不同的输入法时英文状态下的标点符号不同的情况，但只要语法能顺利运行出结果即可。

(2) 创建计算字段。销售计划完成率＝[实际销售额]/[计划销售额]。在门店月度销售汇总表下新建计算字段，进入"新建计算字段"界面，名称：销售计划完成率，表达式：[实际销售额]/[计划销售额]，输入完后点击"确定"，保存"销售计划完成率指标"(见图 9‑20～图 9‑22)。

(3) 进入"数据斗方"，并选择"仪表图"(见图 9‑23)。

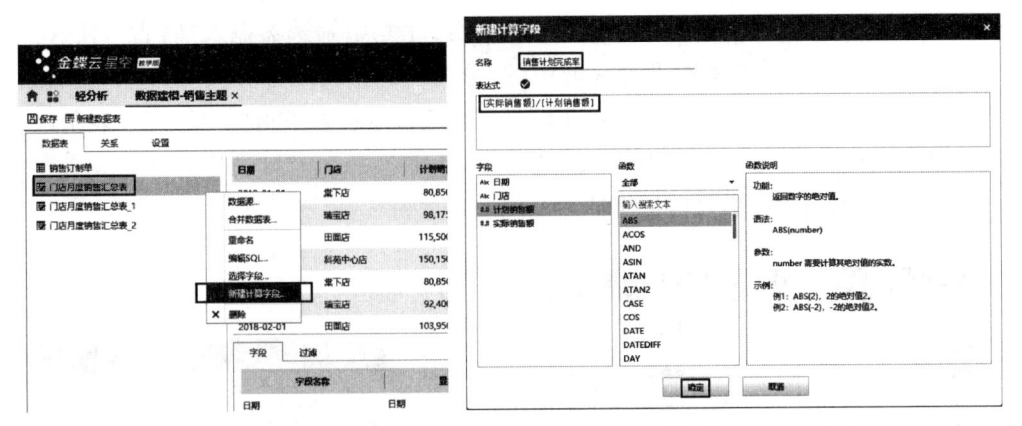

图 9‑20 选择"新建计算字段"

图 9‑21 输入名称和表达式

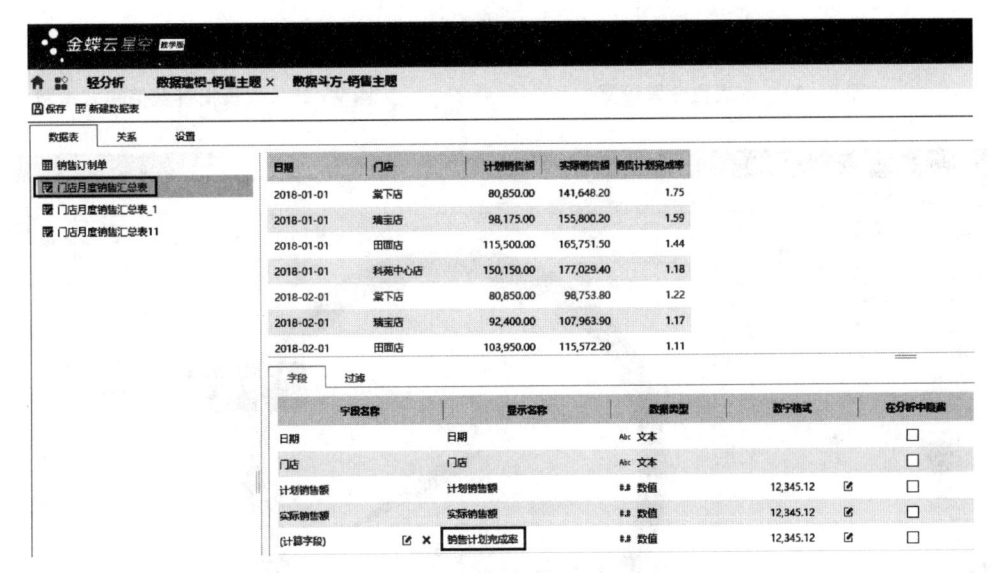

图 9‑22 保存"销售计划完成率指标"

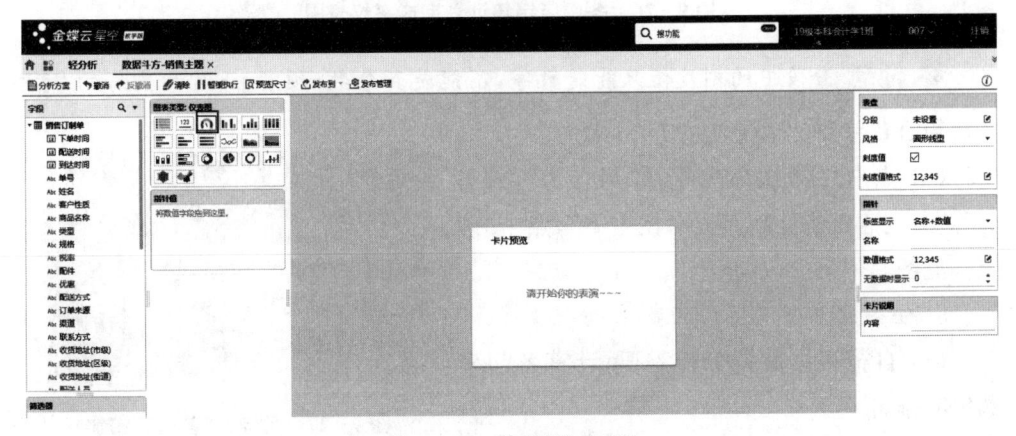

图 9‑23 选择"仪表图"

• 107 •

（4）指针值拖入"销售计划完成率"，度量为"平均"；筛选器拖入"门店"，任选一个门店。同时右上角的属性设置区域中的"分段"设置为：三个分段，选择不同的颜色，标签分别为预警、正常和良好；由于销售计划完成率在财务指标中采用％表示，所以数值格式设置为：小数数位为2，数量单位为百分之一（％）。"销售计划完成率"和"门店"字段均选自"门店月度销售计划汇总表"（见图9-24～图9-26）。

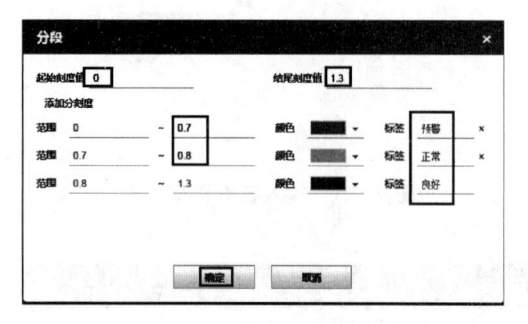

图9-24 仪表盘分段设置　　　　　　　图9-25 仪表指针数值格式设置

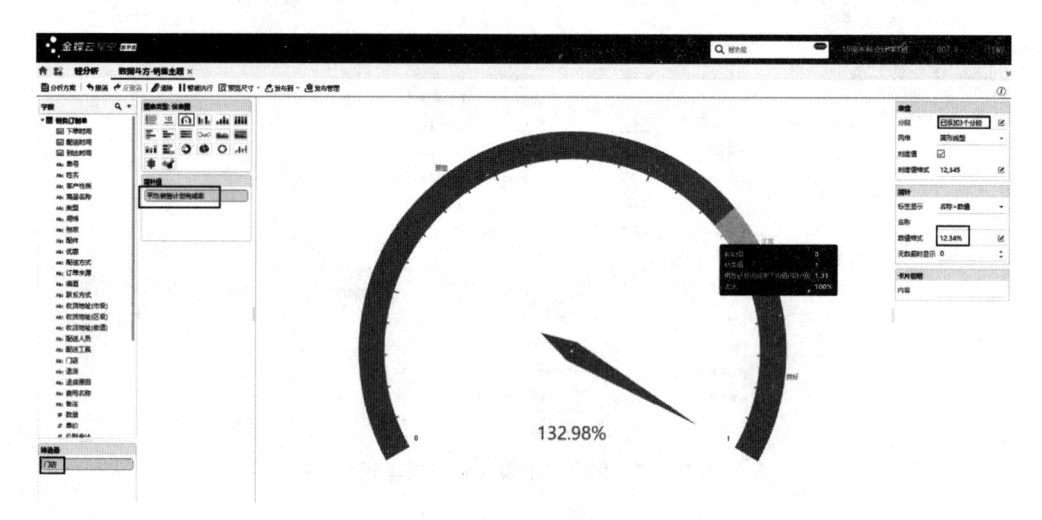

图9-26 各门店销售计划完成率仪表图

注意 分段中的刻度值只能是数字，不能是百分数；预警、正常和良好的分段范围由自己根据具体情况确定，非固定值。

（5）点击"分析方案"，选择"另存为"，方案名称"各门店销售计划完成率仪表图"，点击"确定"（见图9-27）。

6. 任务作业

（1）自行根据数据分析需要，计算各门店销售额排名；

图9-27 另存为"各门店销售计划完成率仪表图"

（2）自行根据数据分析需要，计算各门店

销售趋势；

（3）自行根据数据分析需要，计算各门店日销售趋势；

（4）自行根据数据分析需要，计算各区域销售计划完成率。

9.2 采购主题

采购是指企业为了正常开展经营活动，从供应市场获取产品或服务的过程。它作为企业生产运营过程的主要环节之一，在新零售模式下，拥有更为海量的数据，如何在如此庞大的数据量中分析每月的重点采购物料有哪些，采购的质量和及时到货情况，以便更好地去制订采购计划和确定供应商等。本节依托金蝶云星空平台，运用数据可视化分析以及 SQL 语言，对案例公司采购数据进行快速整理与分析，挖掘数据价值，提升企业销售决策能力。

任务十　采购情况分析

1. 任务目的

分析近几年的采购变化趋势，结合整体销售状况，分析企业采购是否合理，并合理预测未来的采购额，制定采购策略。将物料按重要程度分类，分析企业库存及采购现状，以便及时调整采购计划，使库存物料结构更合理。

2. 任务内容

采购人员想要了解每月的采购物料有哪些，哪些物料是重点采购的，以及采购了多少，可以怎么去分析呢？

3. 任务准备

（1）新建一个业务主题，命名为"采购主题"，点击"确定"，完成创建；

（2）进入"数据建模"。

4. 任务要求

（1）分析采购金额趋势；

（2）分析重要物料占比。

5. 任务操作指导

（1）进入数据建模，点击"新建数据表"，选择 MySQL 数据库，点击"下一步"，输入服务器、端口、用户名和密码后点击"连接"，数据库为"business_data"，类型为"表"，点击"下一步"；进入新建数据表后选择"商品订货单"，然后点击"下一步"进入下一个界面，在字段界面直接选择"完成"，商品订货单的数据表建立完成，同时点击左上角的"保存"按钮，实现商品订货单的保存（见图 9-28～图 9-30）。

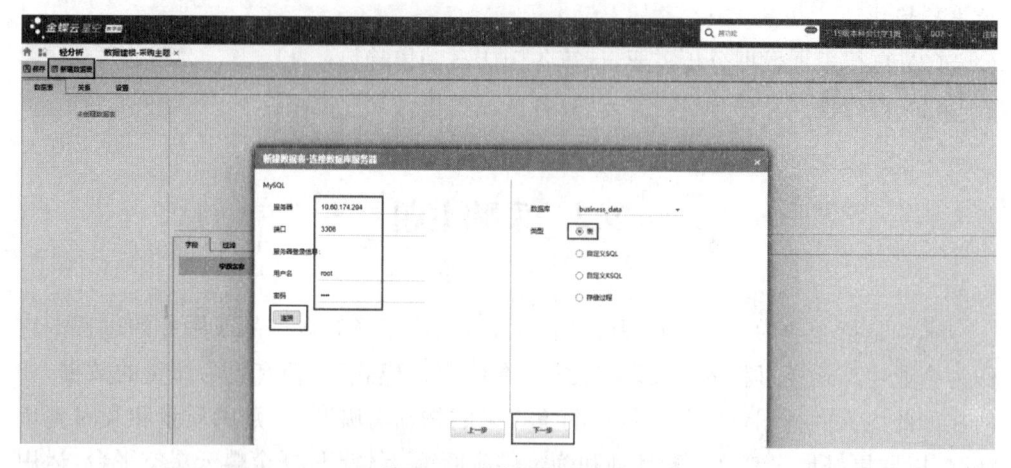

图 9-28　选择"表"类型

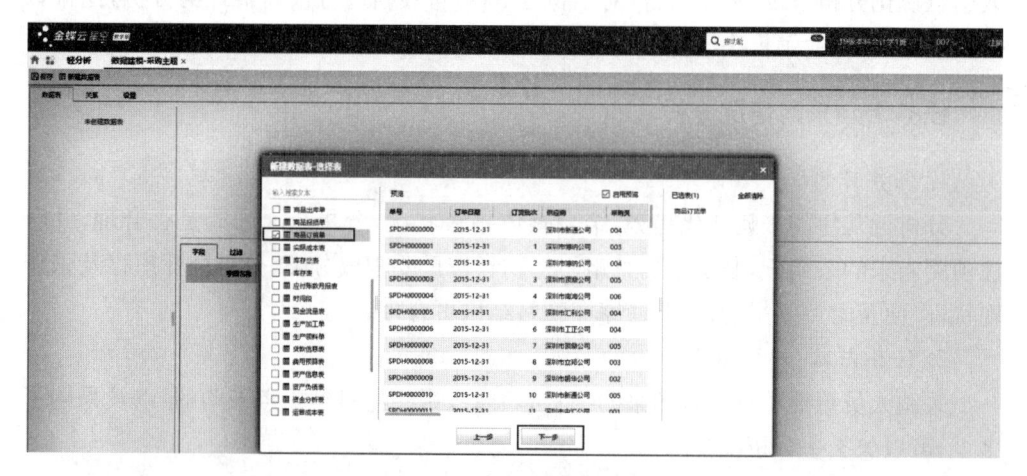

图 9-29　选择"商品订货单"

图 9-30　保存"商品订货单"

(2) 进入"数据斗方",并选择"折线图"(见图 9-31)。

• 110 •

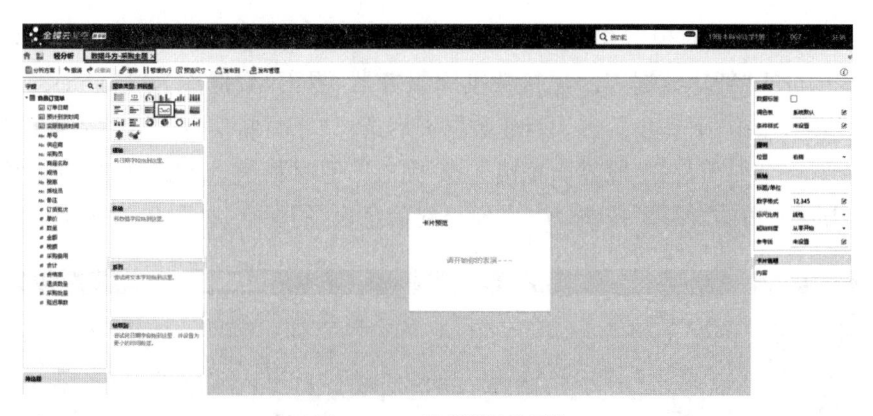

图 9-31 选择"折线图"

(3) 横轴拖入"订单日期",维度为"年月";纵轴拖入为"合计",度量为"求和"。"订单日期"和"合计"字段均选自"商品订货单"(见图 9-32)。

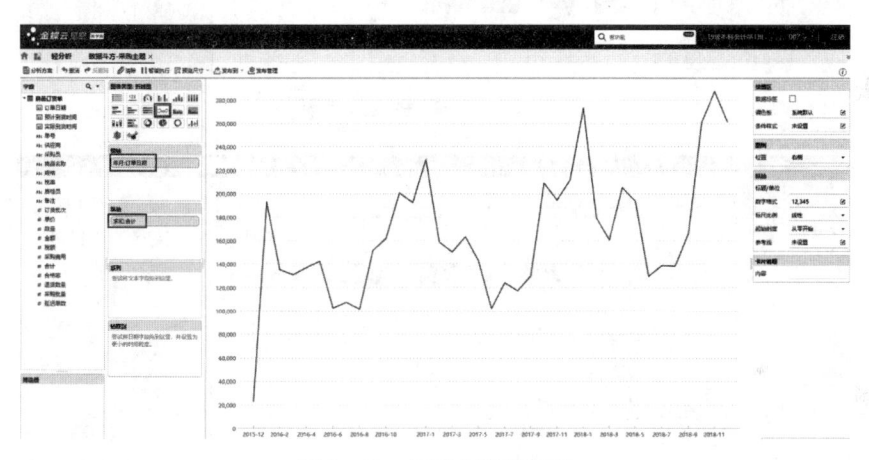

图 9-32 采购金额趋势图

(4) 点击"分析方案",选择"另存为",名称"采购金额趋势图",点击"确定"(见图 9-33)。

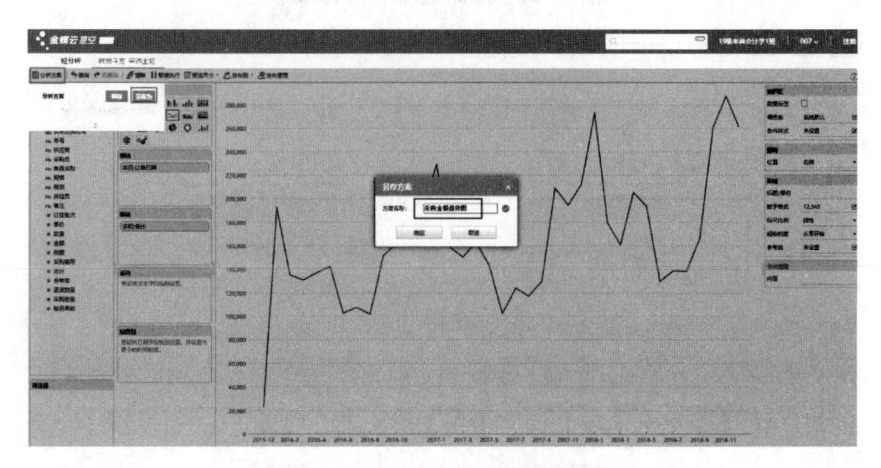

图 9-33 另存为"采购金额趋势图"

（5）进入"数据建模"，并选择"新建数据表"，选择当前使用 MySQL 数据库，点击"下一步"，进入"新建数据表－连接数据库服务器"界面，数据库为"business_data"，类型为"表"，点击"下一步"；进入新建数据表后选择"原材料信息表"，然后点击"下一步"进入下一个界面，在字段界面直接选择"完成"，原材料信息表的数据表建立完成，同时点击左上角的"保存"按钮，实现"原材料信息表"的保存（见图 9‐34～图 9‐36）。

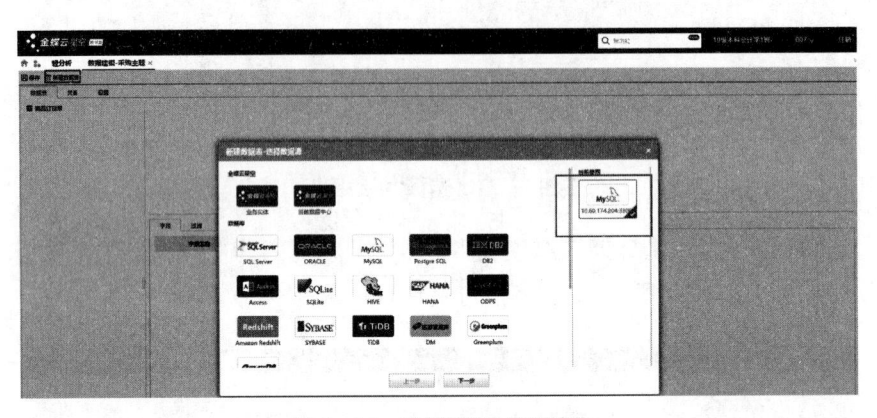

图 9‐34　选择"新建数据表"

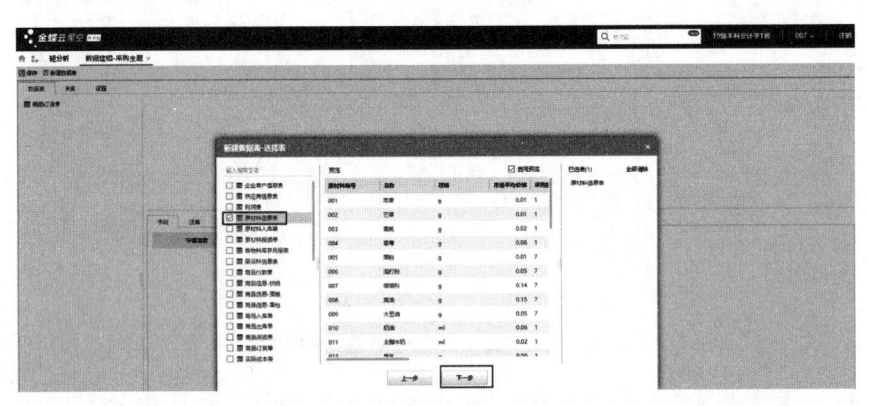

图 9‐35　选择"原材料信息表"

图 9‐36　保存"原材料信息表"

(6) 商品订货单和原材料信息表建立数据关系,通过商品订货单的"商品名称"与原材料信息表的"名称"建立"多对一"的关系,就将两个数据表格联系起来(见图9-37和图9-38)。

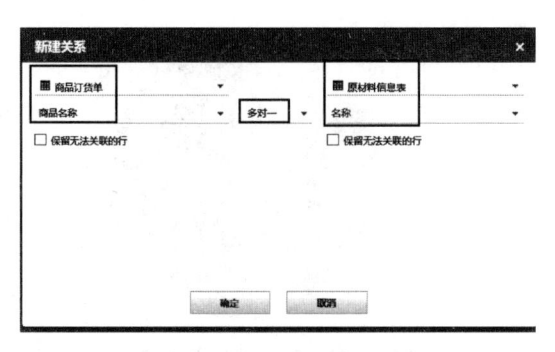

图 9-37 建立关系

图 9-38 关系形成

注意 此处的两表在建立关系时用的相同的字段,即在商品订货单中的商品名称和原材料信息表中的名称是同一个内容。如何判断两者是同一个内容,可通过查看两个表的字段内容进行查验。

(7) 进入"数据斗方",并选择"饼图"(见图 9-39)。

图 9-39 选择"饼图"

(8) 角度拖入"合计",度量为"求和";颜色拖入为"重要程度",选"维度",同时选择右上角属性设置区域的"数据标签"。其中,"合计"字段选自"商品订货单","重要程度"字段选自"原材料信息表"(见图9-40)。

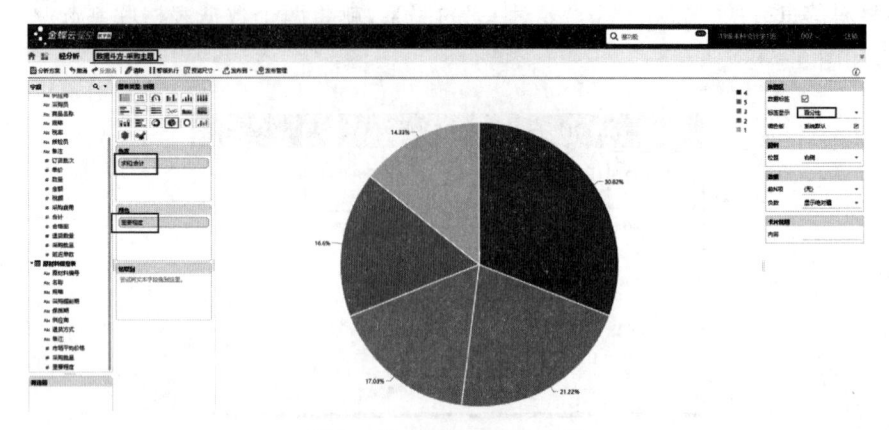

图 9-40 重要物料占比图

图 9-41 另存为"重要物料占比图"

(9)点击"分析方案",选择"另存为",方案名称"重要物料占比图",点击"确定"(见图9-41)。

6. 任务作业

自行根据数据分析需要,计算采购金额占销售比。

任务十一 采购质量分析

1. 任务目的

根据各供应商采购质量月趋势,对采购质量进行分析以及对供应商进行质量评估和认证,从而建立采购管理质量保证体系,保证企业的物资供应活动。根据各供应商及时交付率月趋势,分析物料以及供应商的及时到货情况,从而考核供应商的时效性,提高生产效率。

2. 任务内容

企业采购主管需定期评估供应商,主要从采购的质量和及时到货情况方面进行评价,从以上维度,如何去评估供应商?

3. 任务准备

(1)进入"采购主题"业务主题;

(2)进入"数据斗方"。

4. 任务要求

(1)分析各供应商采购质量月趋势;

(2)分析各供应商及时交付率月趋势。

5. 任务操作指导

(1)进入数据斗方,点击"折线图"(见图9-42)。

图 9－42　选择"折线图"

（2）横轴拖入"订单日期"，维度为"年月"；纵轴拖入"合格率"，度量为"平均"；系列拖入"供应商"，选"维度"；筛选器拖入"订单日期"，维度"年"，拖入供应商选择"深圳市朝华公司"和"深圳市华宁公司"；右侧起始刻度调为"允许不从零开始"。"订单日期""合格率"和"供应商"字段均选自"商品订货单"（见图 9－43 和图 9－44）。

图 9－43　选择"朝华公司"和"华宁公司"

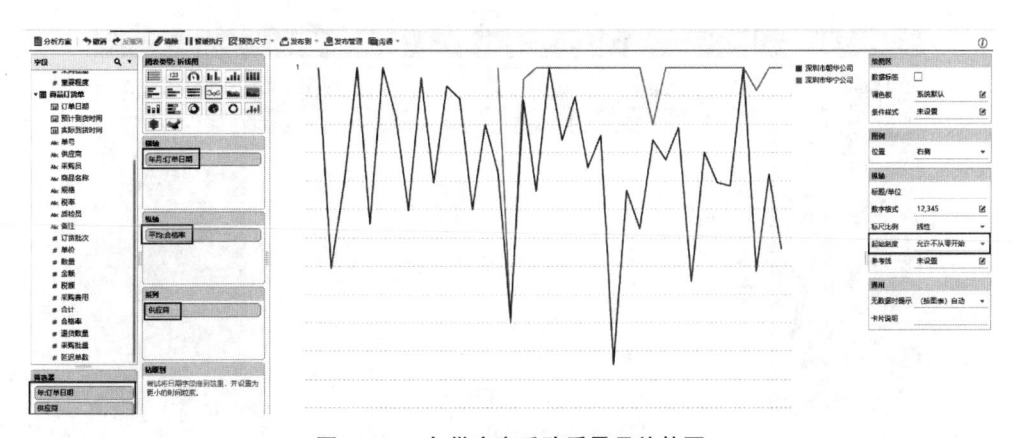

图 9－44　各供应商采购质量月趋势图

图 9-45 另存为"各供应商采购质量月趋势"

（3）点击"分析方案"，选择"另存为"，方案名称"各供应商采购质量月趋势"，点击"确定"（见图 9-45）。

（4）进入"数据建模"，点击"新建数据表"，选择当前使用 MySQL 数据库，点击"下一步"，进入"新建数据表－连接数据库服务器"界面，数据库为"business_data"，类型为"自定义 SQL"，点击"下一步"；进入"新建数据表－自定义 SQL"界面，输入名称为：及时交付率；输入代码如下：

SELECT DATE_FORMAT(订单日期,'20%y-%m-01') AS 日期,供应商,
SUM(延迟单数) AS 延迟订单数,COUNT(单号) AS 订单量
FROM 商品订货单
GROUP BY DATE_FORMAT (订单日期,'20%y-%m-01'),供应商

输入完成上述代码后点击"完成"进入下一个界面，点击左上角的"保存"按钮，实现"及时交付率"的保存(见图 9-46～图 9-49)。

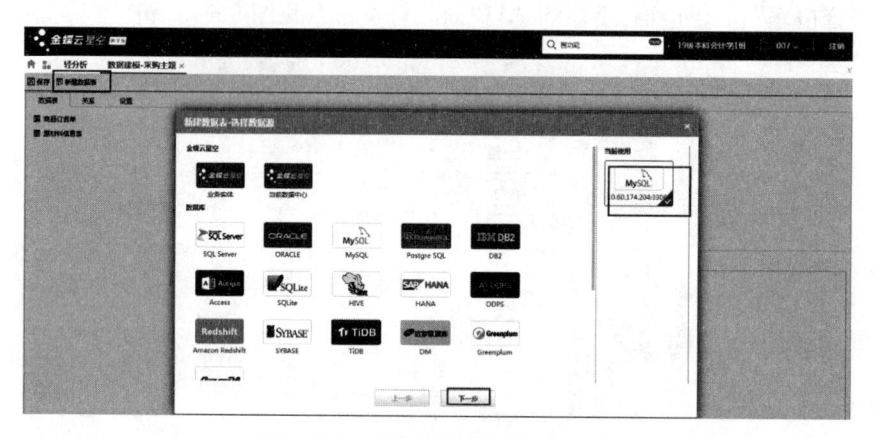

图 9-46 选择当前使用"MySQL"

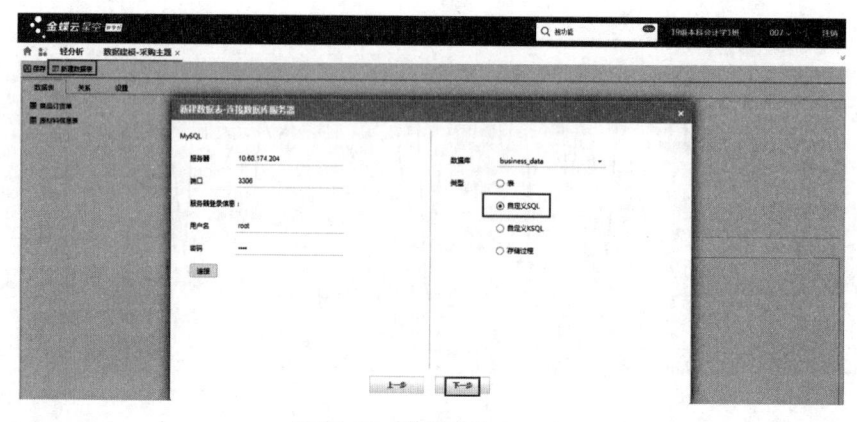

图 9-47 选择自定义 SQL

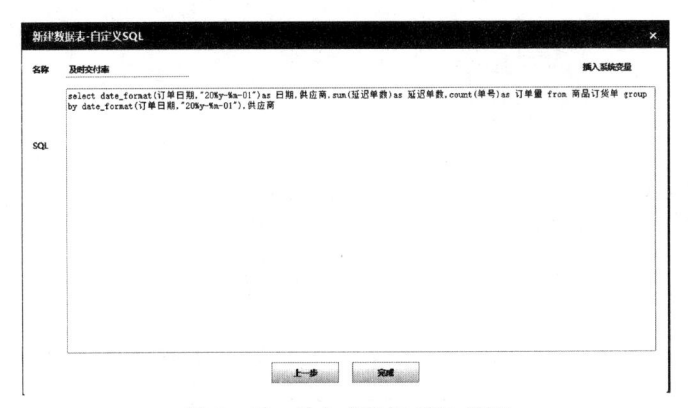

图 9-48 输入名称和 SQL 代码

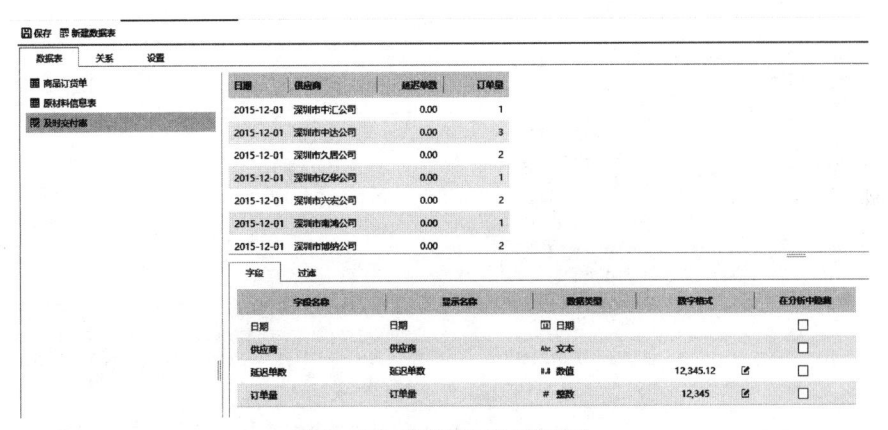

图 9-49 保存"及时交付率"

注意 以上 SQL 代码如果复制粘贴后出现错误,请重新检查一下代码中的标点符号是否是英文状态下的标点符号。

(5) 创建计算字段。进入"新建计算字段"界面,名称:及时交付率,表达式:([订单量]－[延迟订单数])/[订单量],输入完后点击"确定",最后再点击左上角的"保存"即可(见图 9-50～图 9-52)。

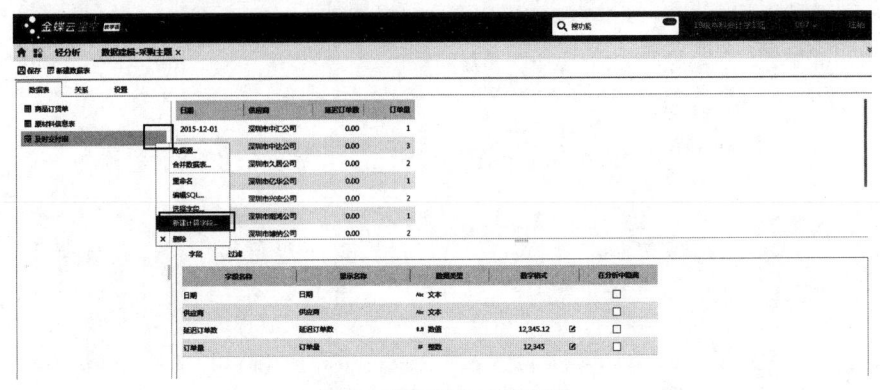

图 9-50 新建计算字段

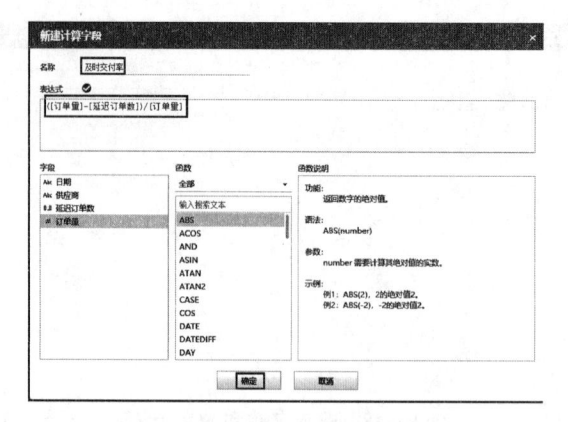

图 9‑51　输入名称和表达式

图 9‑52　新建字段创建完成

（6）进入"数据斗方"，并选择"折线图"（见图 9‑53）。

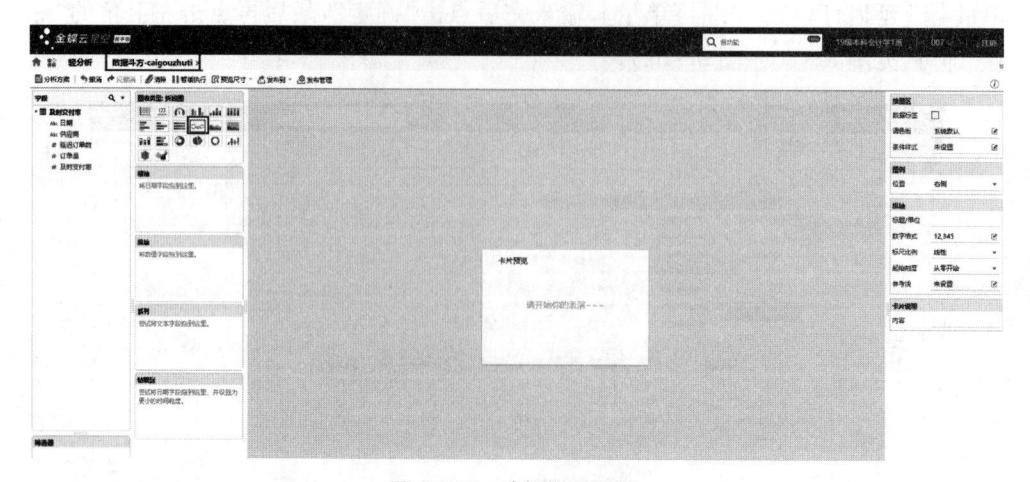

图 9‑53　选择"折线图"

(7) 横轴拖入"日期",维度"年月";纵轴拖入"及时交付率",度量"平均";系列拖入"供应商",选"维度"。同时,右上角属性设置区域的"数字格式",小数位数:0,数量单位:百分之一(%)。右侧"起始刻度"设置为"允许不从零开始"。"日期""及时交付率"和"供应商"字段都选取自"及时交付率"(见图 9-54 和图 9-55)。

图 9-54 设置数字格式

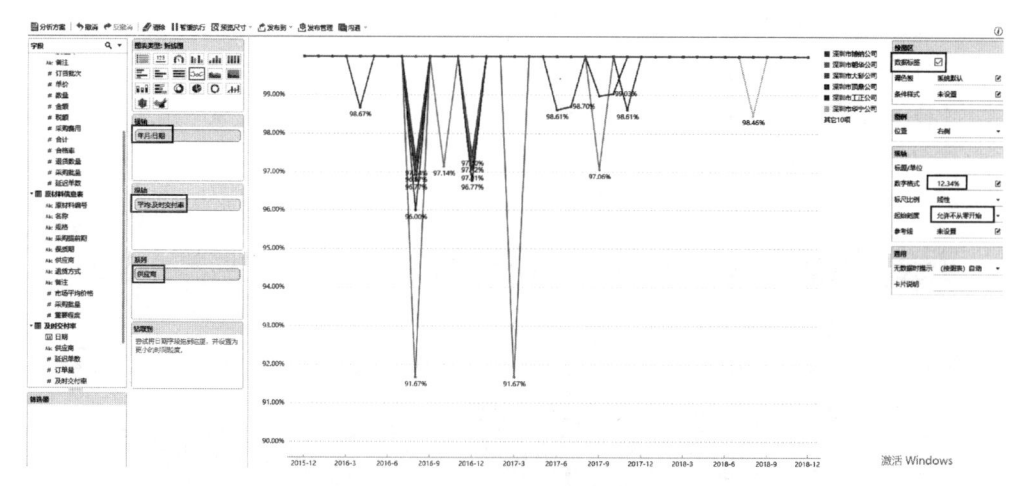

图 9-55 各供应商及时交付率月趋势图

(8) 点击"分析方案",选择"另存为",方案名称"各供应商及时交付率月趋势图",点击"确定"(见图 9-56)。

图 9-56 另存为"各供应商及时交付率月趋势图"

6. 任务作业

(1) 自行根据数据分析需要,计算总体及时交付率月趋势;
(2) 自行根据数据分析需要,计算各重要物料及时交付率月趋势。

任务十二 采购比例分析

1. 任务目的

通过对采购质量的分析以及供应商质量评估和认证,从而建立采购管理质量保证体系,保证企业的物资供应活动。

2. 任务内容

作为企业采购主管,请结合重要物料、供应商分析,思考是否有必要调整重要物料的采购比例以及更换供应商。

3. 任务准备

(1) 进入"采购主题"业务主题;

(2) 进入"数据斗方"。

4. 任务要求

(1) 分析供应商采购占比;

(2) 分析各重要物料采购质量月趋势。

5. 任务操作指导

(1) 进入数据斗方,点击"饼图"(见图 9-57)。

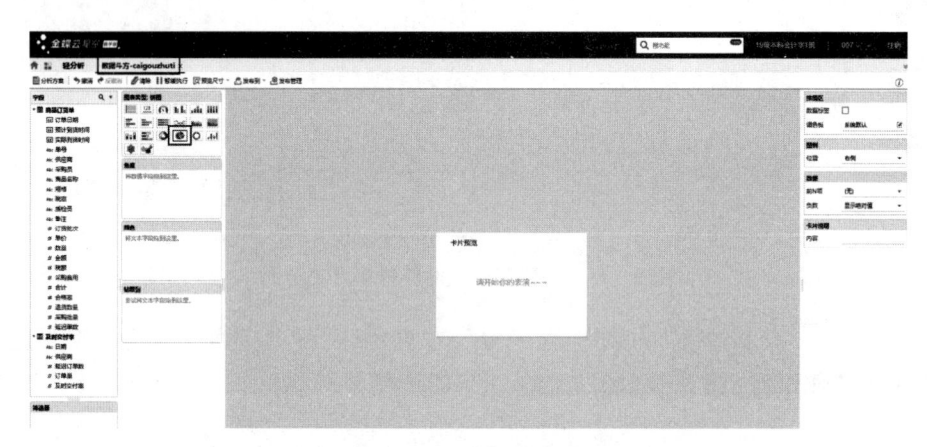

图 9-57 选择"饼图"

(2) 角度拖入"金额",度量"求和";颜色拖入"供应商",同时选择右上角属性设置区域的"数据标签"。"金额"和"供应商"字段均选自"商品订货单"(见图 9-58)。

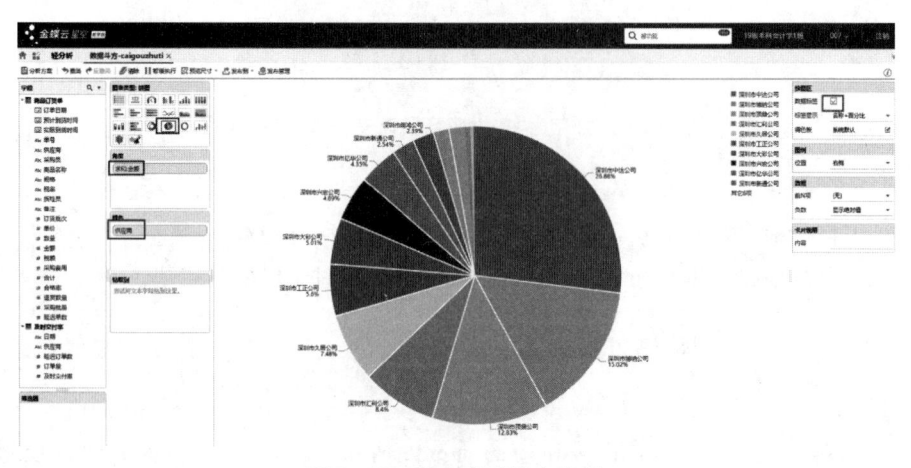

图 9-58 供应商采购占比图

（3）点击"分析方案"，选择"另存为"，方案名称"供应商采购占比图"，点击"确定"（见图 9-59）。

（4）进入"数据建模"，并选择"新建数据表"，选择当前使用 MySQL 数据库，点击"下一步"，进入"新建数据表－连接数据库服务器"界面，数据库为"business_data"，类型为"表"，点击"下一步"；进入新建数据表后选择"原材料信息表"，然后点击"下一步"进入下一个界面，在字段界面直接选择"完成"，原材料信息表的数据表建立完成，同时点击左上角的"保存"按钮，实现"原材料信息表"的保存（见图 9-60 和图 9-61）。

图 9-59 另存为"供应商采购占比图"

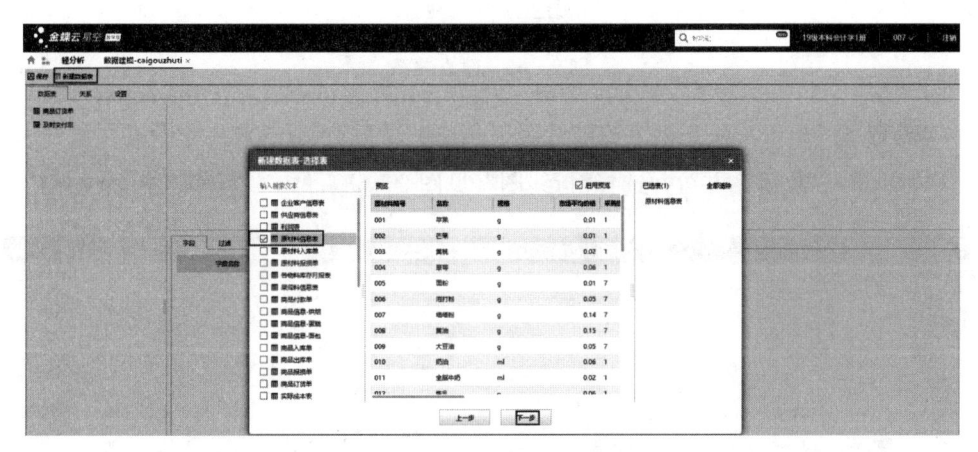

图 9-60 选择"原材料信息表"

图 9-61 保存"原材料信息表"

> **注意** 如果已经在任务十中提取并保存了"原材料信息表",则以上步骤可以忽略,不用重复操作。

(5) 对商品订货单、原材料信息表建立关系。以商品订货单的"商品名称"与原材料信息表中的"名称"建立"一对多"的关系(见图 9-62)。

图 9-62 建立关系

> **注意** 如果在任务十中已经对两个表建立过关系,则不需要重新建立关系。

(6) 进入"数据斗方",并选择"折线图"(见图 9-63)。

图 9-63 选择"折线图"

图 9-64

(7) 横轴拖入"订单日期",维度"年月";纵轴拖入"合格率",度量"平均";系列拖入"重要程度",选"维度"。右边属性设置区域的"数字格式"设置为:小数位数为 2,数量单位为百分之一(%)。其中,"订单日期"和"合格率"字段均选自"商品订货单","重要程度"字段选自"原材料信息表"(见图 9-64 和图 9-65)。

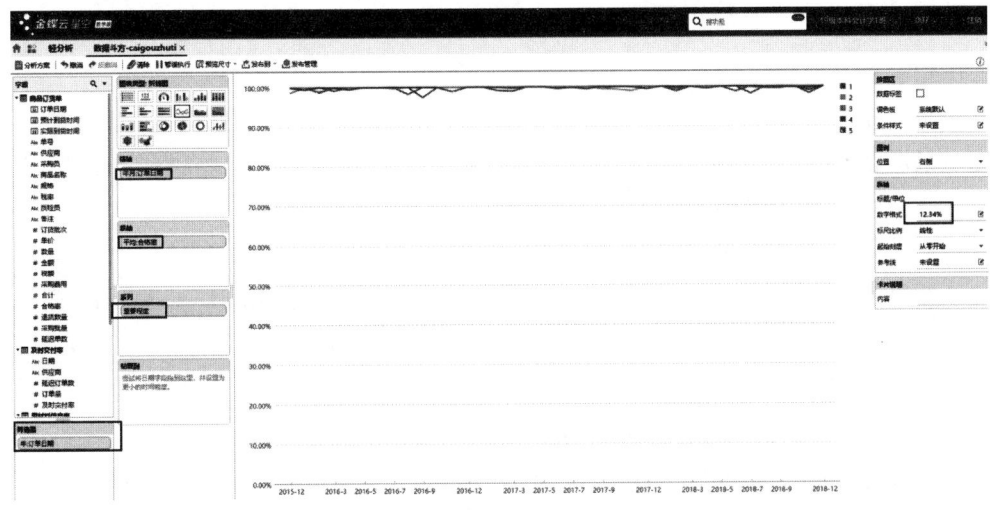

图 9-65　各重要物料采购质量月趋势图

（8）点击"分析方案"，选择"另存为"，方案名称"各重要物料采购质量月趋势图"，点击"确定"（见图 9-66）。

图 9-66　另存为"各重要物料采购质量月趋势图"

6. 任务作业

自行根据数据分析需要，计算总体采购质量月趋势。

9.3　存货主题

存货是指企业在日常活动中持有以备出售的产成品或商品、处在生产过程中的在产品、在生产过程或提供劳务过程中耗用的材料或物料等，包括各类材料、在产品、半成品、产成品或库存商品以及包装物、低值易耗品、委托加工物资等。分析存货的目前现状，有利于存货的管理。

任务十三 存货情况分析

1. 任务目的

对报损原因的分析,有利于提高企业库房、物流管理水平,降低损耗,控制成本。而对呆滞料的分析,有利于企业提前预防和发现呆滞料,加强库房与供应商的管理、监督,合理进行原材料采购。

2. 任务内容

仓管人员需定期检查库存,2018年年末,想要了解库存物料损坏的数量和原因,应如何去分析?

3. 任务准备

(1) 新建一个业务主题,命名为"存货主题",点击"确定",完成创建;

(2) 进入"数据建模"。

4. 任务要求

(1) 分析存货报损原因;

(2) 分析呆滞料比重(某月底)。

5. 任务操作指导

(1) 在数据建模,点击"新建数据表",选择 MySQL 数据库,点击"下一步",输入服务器、端口、用户名和密码后点击"连接",数据库为"business_data",类型为"表",点击"下一步";进入新建数据表后选择"商品报损单"和"呆滞料信息表",然后点击"下一步"进入下一个界面,在字段界面直接选择"完成",商品报损单和呆滞料信息表的数据表建立完成,同时点击左上角的"保存"按钮,实现"商品报损单"和"呆滞料信息表"的保存(见图 9-67~图 9-69)。

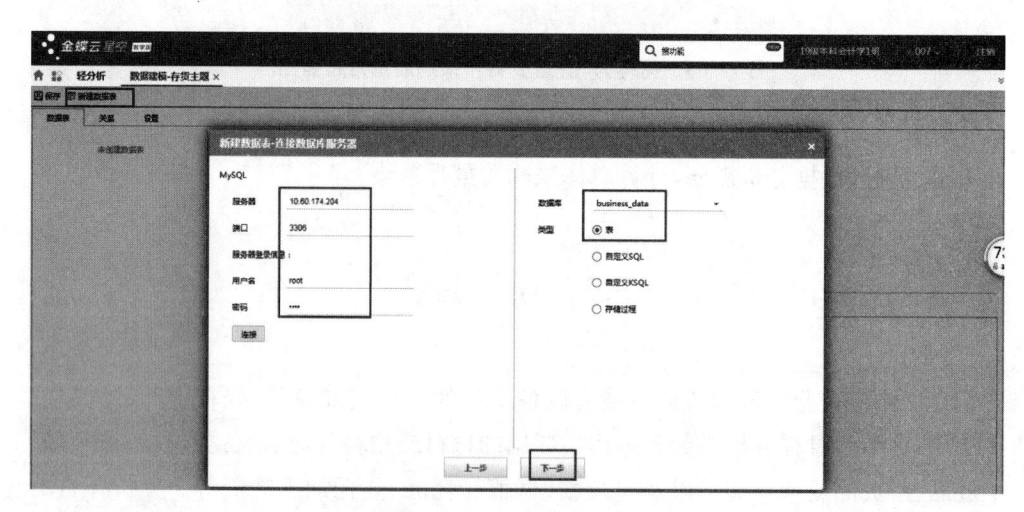

图 9-67 选择"表"类型

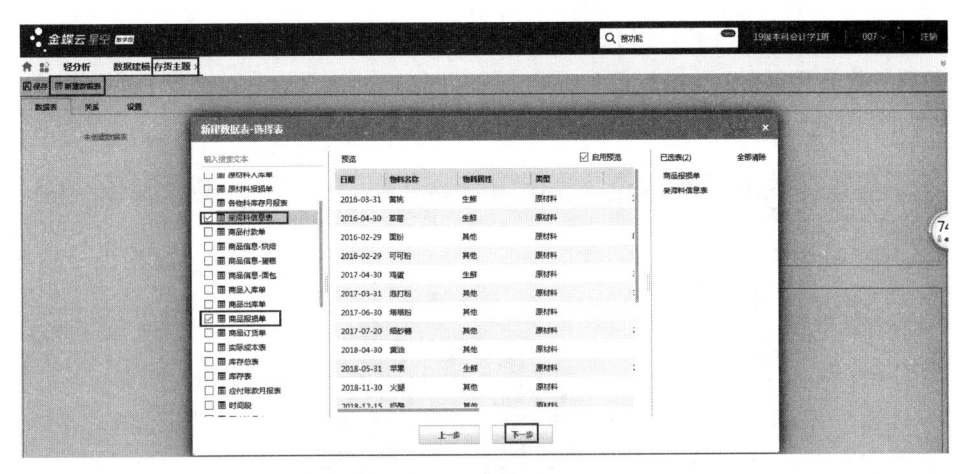

图 9-68　选择"商品报损单"和"呆滞料信息表"

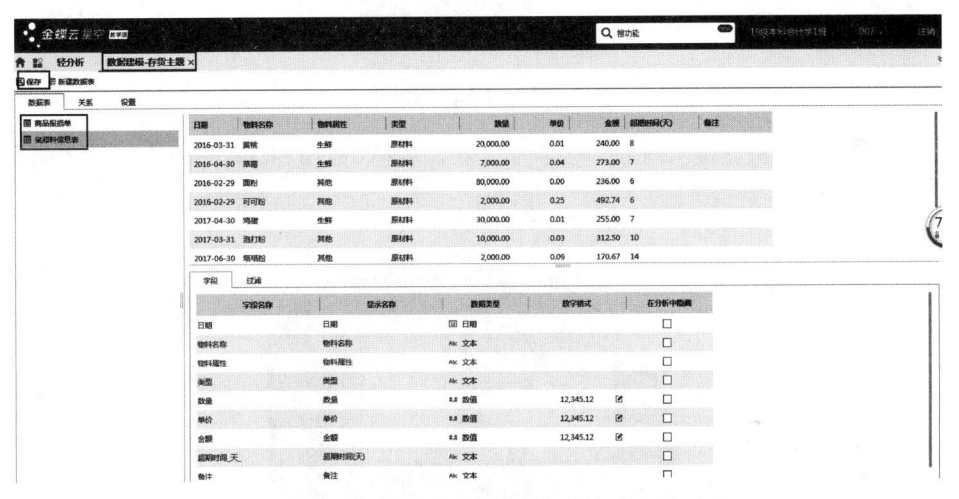

图 9-69　保存"商品报损单"和"呆滞料信息表"

(2) 进入"数据斗方",并选择"饼图"(见图 9-70)。

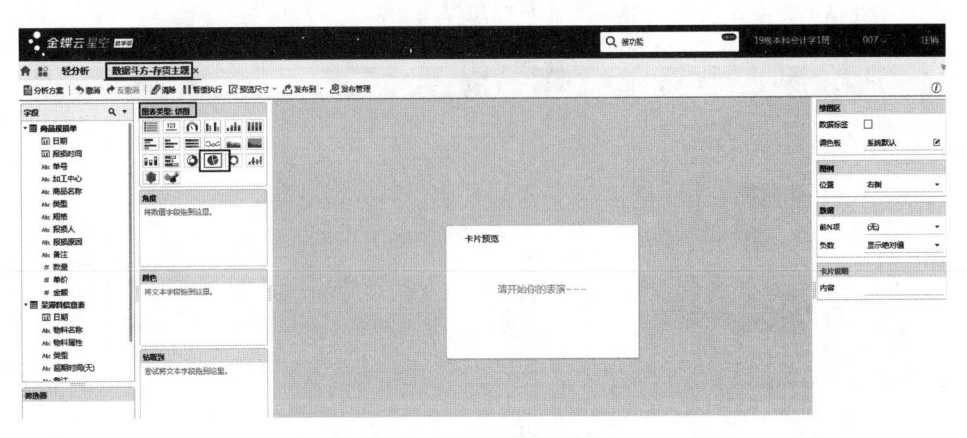

图 9-70　选择"饼图"

（3）角度拖入"金额"，度量"求和"，颜色拖入"报损原因"，选"维度"，同时选择右上角属性设置区域的"数据标签"。"金额"和"报损原因"字段均选自"商品报损单"（见图9-71）。

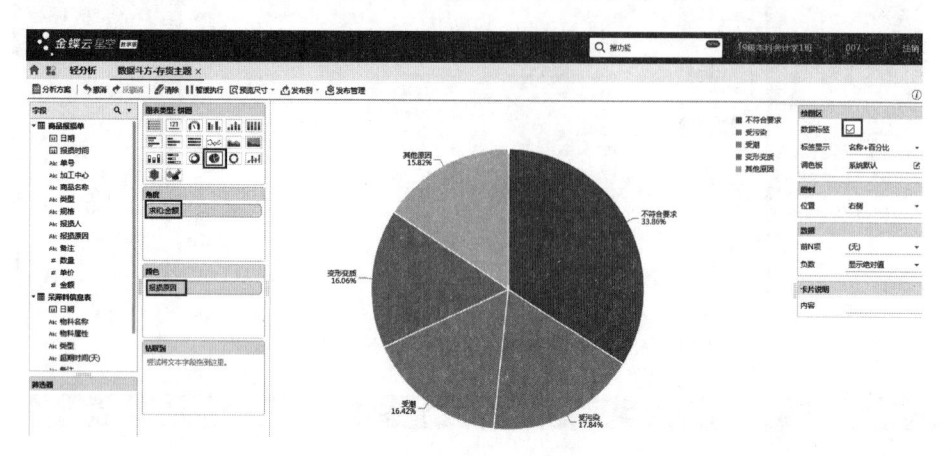

图9-71 报损原因分析图

（4）点击"分析方案"，选择"另存为"，方案名称"报损原因分析图"，点击"确定"（见图9-72）。

图9-72 另存为"报损原因分析图"

（5）进入"数据斗方"，并选择"饼图"（见图9-73）。

图9-73 选择"饼图"

(6) 角度拖入"金额",度量"求和";颜色拖入"物料名称",筛选器的"日期"选择"1月";同时选择右上角属性设置区域的"数据标签"。"金额""物料名称"和"日期"字段均选自"呆滞料信息表"(见图 9-74～图 9-76)。

图 9-74　日期选"月"

图 9-75　选择"1月"

注意　要做其他月份的呆滞料比重,筛选器的"日期"选取想要的月份即可。

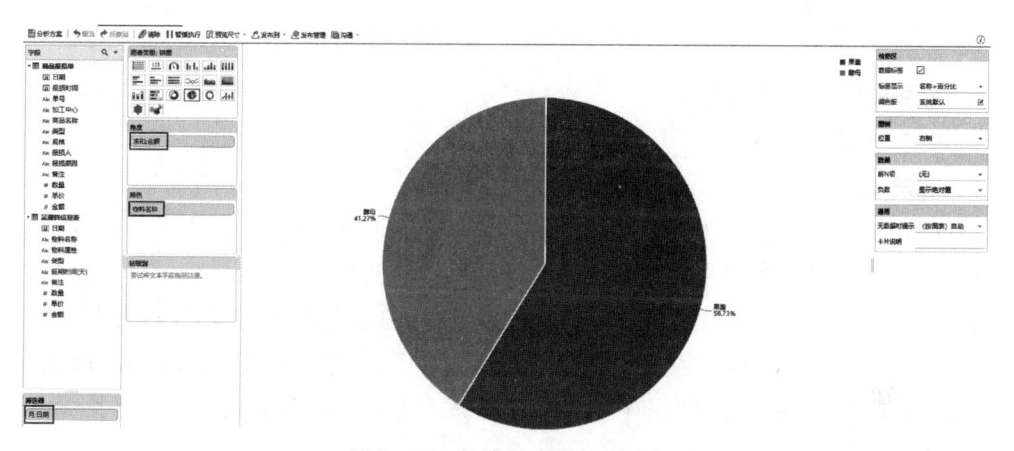

图 9-76　呆滞料比重(1月底)

(7) 点击"分析方案",选择"另存为",方案名称"呆滞料比重(1月底)",点击"确定"(见图 9-77)。

图 9-77　另存为"呆滞料比重(1月底)"

6. 任务作业

(1) 自行根据数据分析需要,计算月报损金额趋势;

(2) 自行根据数据分析需要，计算报损金额占比。

任务十四　存货周转分析

1. 任务目的

存货周转率是衡量公司销货能力强弱和存货是否过多或短缺的指标。其比率越高，说明存货周转速度越快，公司控制存货的能力越强，则利润率越大，营运资金投资于存货上的金额越小。反之，则表明存货过多。存货过多，不仅使资金积压，影响资产的流动性，还增加仓储费用，导致产品损耗、过时。

2. 任务内容

仓管主管年末需了解库存周转情况，并思考如何优化库存。

3. 任务准备

(1) 进入"存货主题"业务主题；

(2) 进入"数据建模"。

4. 任务要求

分析总体月存货周转率。

5. 任务操作指导

方法1：

(1) 在数据建模，点击"新建数据表"，选择 MySQL 数据库，点击"下一步"，输入服务器、端口、用户名和密码后点击"连接"，数据库为"business_data_07"，类型为"表"，点击"下一步"；进入新建数据表后选择"库存总表"和"利润表"，然后点击"下一步"进入下一个界面，在字段界面直接选择"完成"，库存总表和利润表的数据表建立完成，同时点击左上角的"保存"按钮，实现"库存总表"和"利润表"的保存(见图 9 - 78～图 9 - 81)。

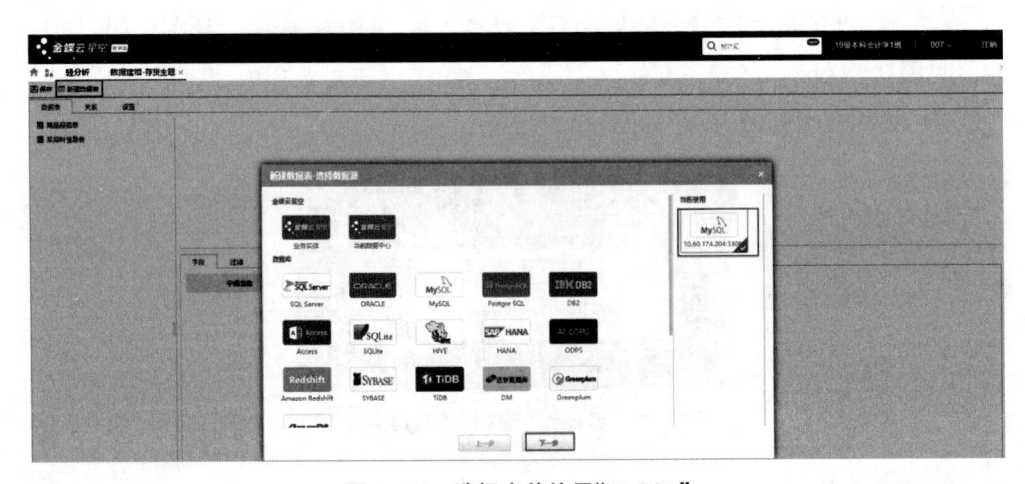

图 9 - 78　选择当前使用"MySQL"

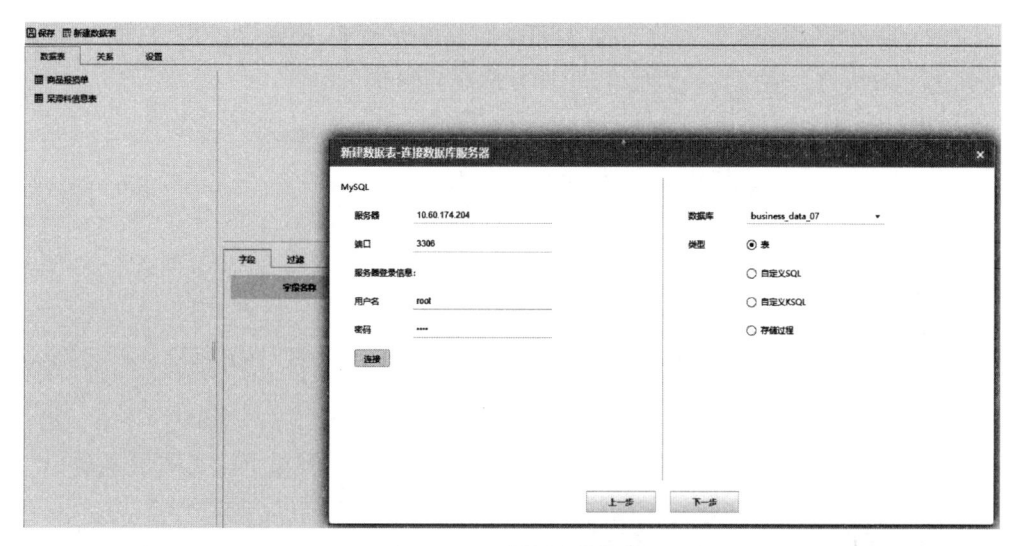

图 9-79　选择"表"类型

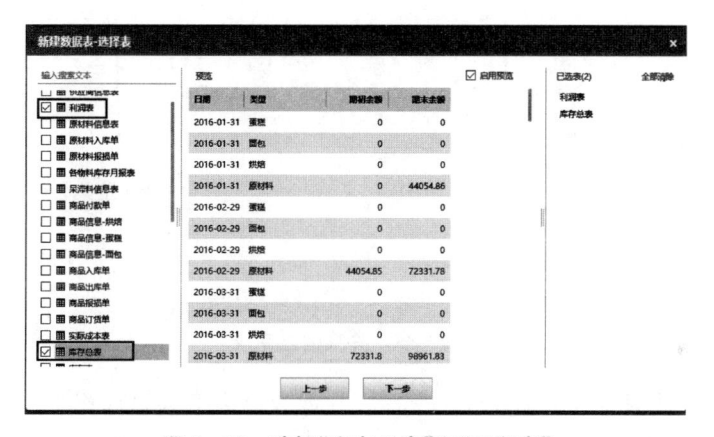

图 9-80　选择"库存总表"和"利润表"

图 9-81　保存"库存总表"和"利润表"

(2) 进入"数据建模",对库存总表和利润表建立关系,相同字段为"日期",对应关系为"多对一"。建立关系后保存(见图 9-82 和图 9-83)。

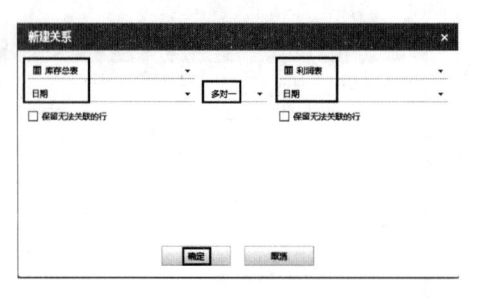

图 9-82　新建关系

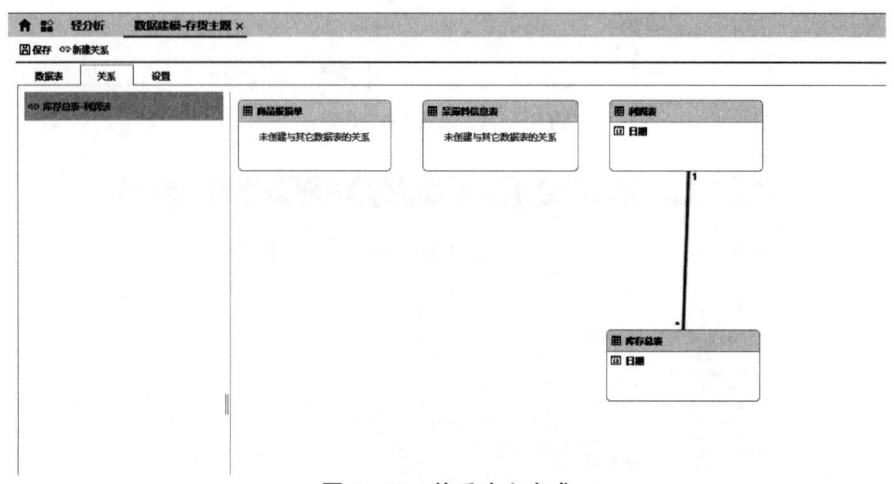

图 9-83　关系建立完成

(3) 进入"数据斗方",创建计算字段。在库存总表下创建计算字段,进入创建字段界面,名称:存货周转率,表达式:[利润表.营业成本]/(([库存总表.期初余额]+[库存总表.期末余额])/2),输入完后点击"确定",在库存总表下形成"存货周转率"字段(见图 9-84~图 9-86)。

图 9-84　库存总表下"创建计算字段"

注意 因为存货周转率的计算既要用到"库存总表"中的字段又要用到"利润表"中的字段,所以创建"存货周转率"计算字段既可以在"库存总表"下创建,也可以在"利润表"下创建。

图 9-85 输入字段名称和表达式

图 9-86 库存总表下出现"存货周转率"字段

(4) 进入数据斗方,选择"折线图"(见图 9-87)。

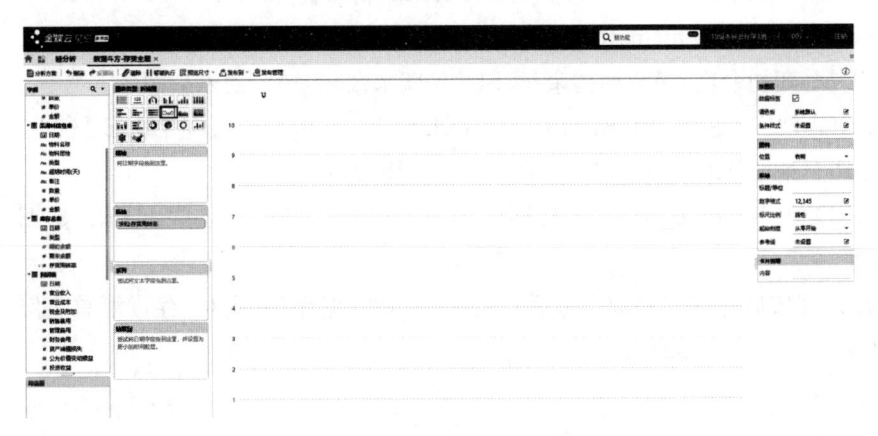

图 9-87 选择"折线图"

(5) 横轴拖入"日期",维度"季度";纵轴拖入"存货周转率",度量"平均";筛选器拖入"日期",最后保存命名并保存分析方案。"日期"和"存货周转率"字段均选自"库存总表"(见图9-88)。

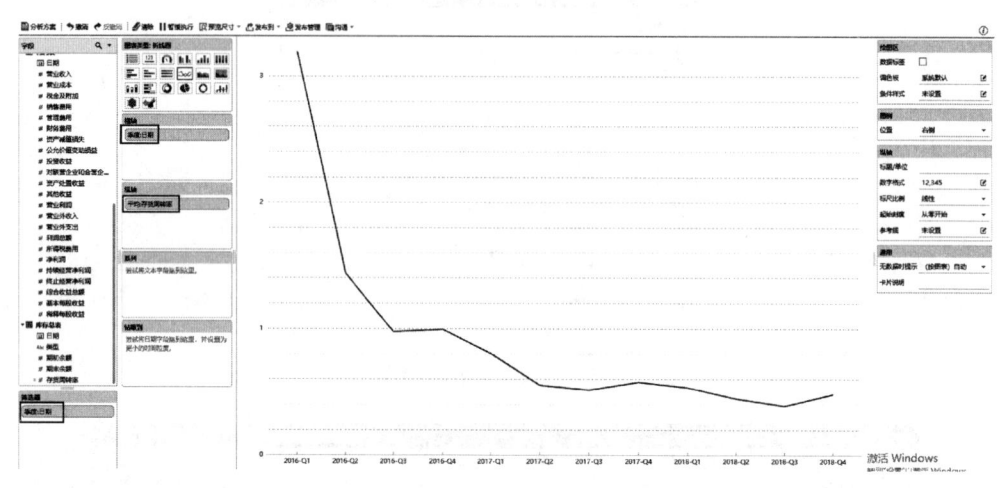

图 9-88 总体季度存货周转率趋势图

方法 2:

(1) 进入"数据建模",并选择"新建数据表",选择 MySQL 数据库,点击"下一步",输入服务器、端口、用户名和密码后点击"连接",数据库为"business_data",类型为"自定义 SQL",点击"下一步";进入"新建数据表－自定义 SQL"界面,输入名称:存货汇总表;代码如下:

SELECT a.日期,a.营业成本,b.期初余额,b.期末余额,

(a.营业成本/((b.期初余额＋b.期末余额)/2)) as 存货周转率

FROM (SELECT 日期,营业成本 FROM 利润表)a,

(SELECT date_format(日期,'20%y-%m-%d') AS 日期,

SUM(期初余额) AS 期初余额,SUM(期末余额) AS 期末余额

FROM 库存总表 WHERE 日期 LIKE '%03-31' OR 日期 LIKE '%06-30'

OR 日期 LIKE '%09-30' OR 日期 LIKE '%12-31'

GROUP BY date_format(日期,'20%y-%m-%d')) b WHERE a.日期＝b.日期

输入完成后,点击"完成",最后点击左上角的"保存"完成对"存货汇总表"的保存(见图9-89~图9-92)。

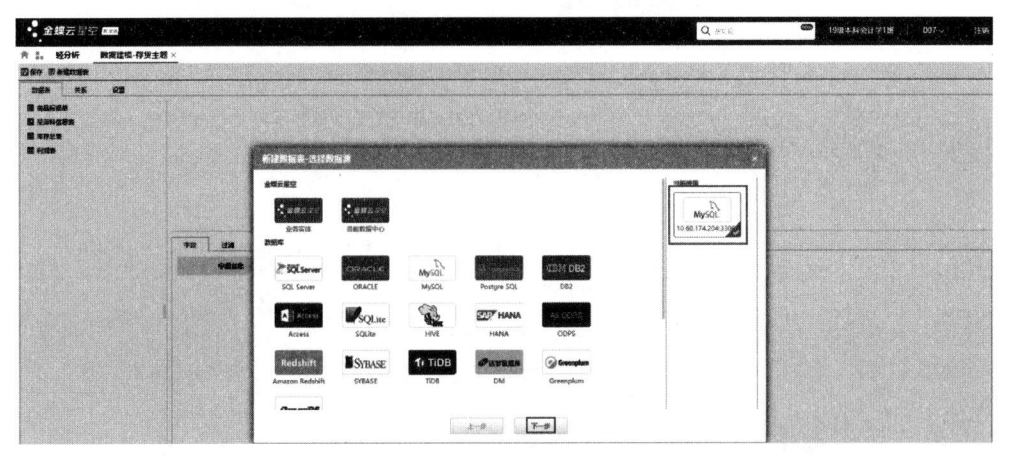

图 9-89 选择当前使用"MySQL"

图 9-90 选择"自定义 SQL"

图 9-91 输入名称和 SQL 代码

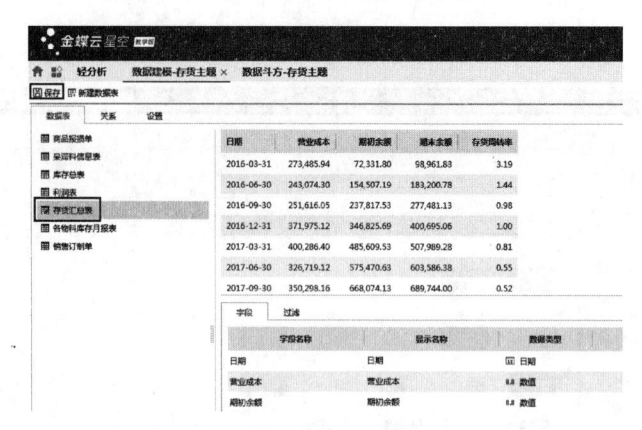

图 9-92 保存"存货汇总表"

（2）进入"数据斗方"，并选择"折线图"（见图 9-93）。

图 9-93 选择折线图

（3）横轴拖入"日期"，维度"季度"；纵轴拖入"存货周转率"，度量"平均"。"日期"和"存货周转率"字段均选自"存货汇总表"（见图 9-94）。

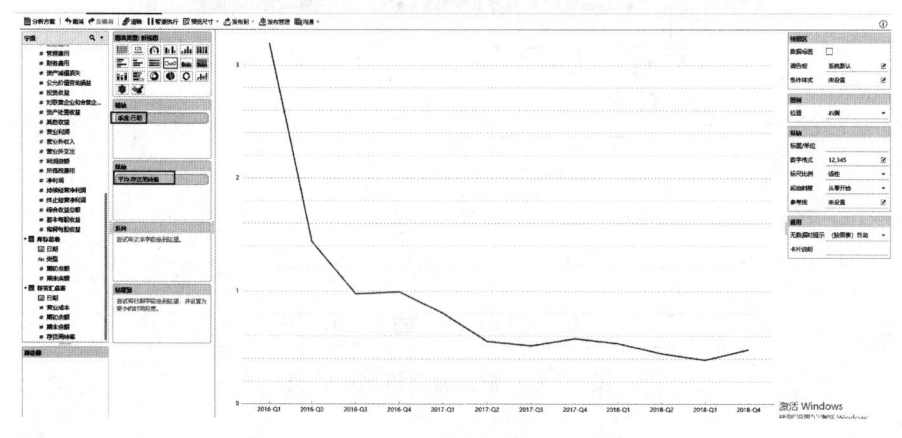

图 9-94 总体季度存货周转率趋势图

(4) 点击"分析方案",选择"另存为",方案名称"总体季度存货周转率趋势图",点击"确定"(见图9-95)。

图9-95 另存为"总体季度存货周转率趋势图"

6. 任务作业
(1) 自行根据数据分析需要,计算各物料月均存货占比(某月底);
(2) 自行根据数据分析需要,计算各物料月均存货金额;
(3) 自行根据数据分析需要,计算总体月均存货金额;
(4) 自行根据数据分析需要,计算月库销比。

第10章 财务大数据分析综合实训——财务环节

10.1 应收账款主题

应收账款,是伴随着企业的销售行为而发生的一项债权。通过赊销方式形成的应收账款,不仅可以增加销售收入,还可以降低由于存货过高带来的压力。在新零售模式下,企业的客户数量较多,客户类型也存在差异,如何对不同客户进行分类,分析其偿债能力,以便对不同的客户进行分类管理,是企业不得不面临的问题。本节依托金蝶云星空平台,运用数据可视化分析以及 SQL 语言,对案例应收账款数据进行快速整理与分析,挖掘数据价值,提升企业应收账款的管理能力。

任务十五 应收账款客户分析

1. 任务目的

分析企业一定时期内应收账款对应的客户、应收账款占比,了解企业应收账款的管理状况,为企业加强应收账款管理提供经验。

2. 任务内容

企业客户是企业应收账款的主要来源,财务人员如何通过企业应收账款的变化来维护客户关系?

3. 任务准备

(1) 新建一个业务主题,命名为"应收账款客户分析",点击"确定",完成创建;

(2) 进入"数据建模"。

4. 任务要求

(1) 分析应收账款对应的客户;

(2) 分析应收账款占比。

5. 任务操作指导

(1) 进入数据建模,选择"新建数据表",选择 MySQL 数据库,点击"下一步";输入服务器、端口、用户名和密码后点击"连接",数据库为"business_data",类型为"表",点击"下一步";进入新建数据表后选择"销售收款单",然后点击"下一步"进入下一个界面,在字段界面直接选择"完成","销售收款单"的数据表建立完成;同时点击左上角的"保存"按钮,实现"销售收款单"的保存(见图10-1~图10-3)。

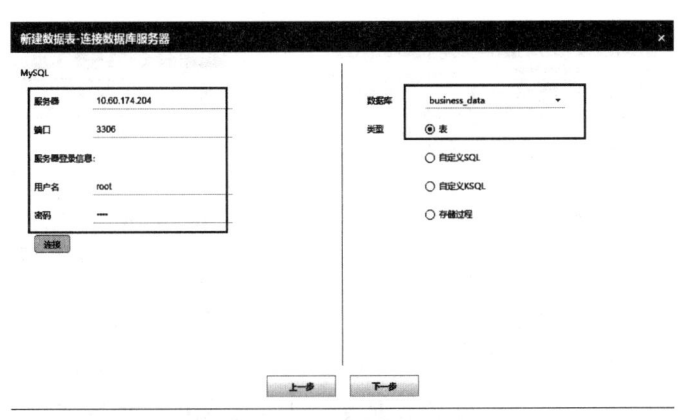

图 10-1　连接数据库服务器

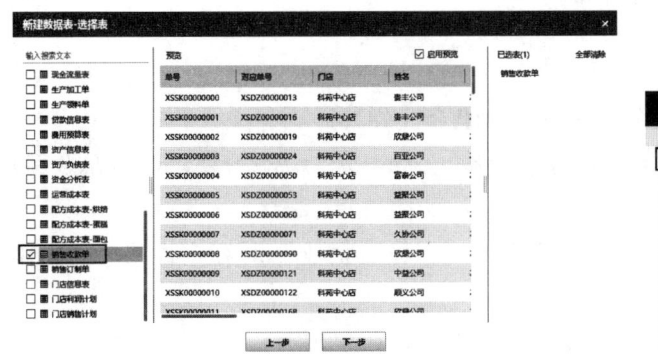

图 10-2　选择"销售收款单"

图 10-3　保存"销售收款单"数据表

(2) 进入数据斗方,选择"饼图",筛选器拖入"日期",数据筛选选择"年月日";角度拖入"应收金额",度量为"求和";颜色拖入"姓名"。选择预览尺寸为"全画面",选中"数据标签",标签显示"名称+百分比"(见图10-4)。

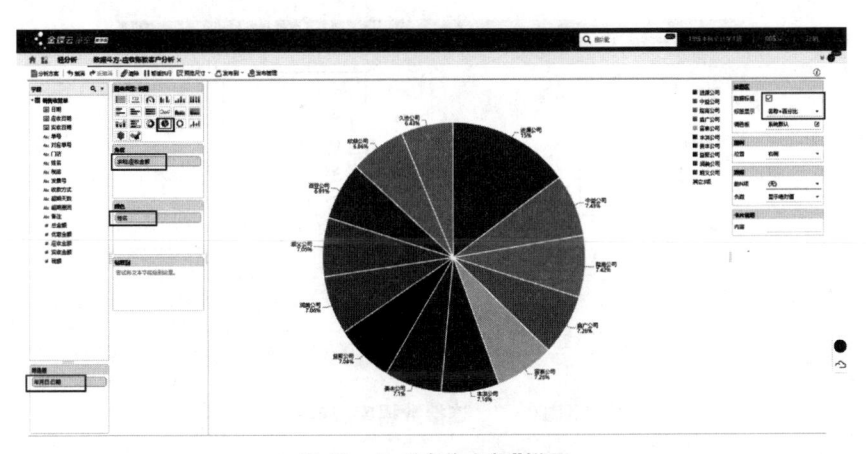

图 10-4　"应收金额"饼图

(3)点击"分析方案",选择"另存为",方案名称"应收账款客户分析",点击"确定"(见图10-5和图10-6)。

图10-5 保存"应收金额"饼图

图10-6 另存为"应收账款客户分析"方案

(4)进入数据建模,选择"新建数据表",选择 MySQL 数据库,点击"下一步";输入服务器、端口、用户名和密码后点击"连接",数据库为"business_data",类型为"自定义 SQL",点击"下一步";在"新建数据表-自定义 SQL",将名称命名为"应收账款占比分析",编辑 SQL 代码,点击"完成";然后保存"应收账款占比分析"数据表(见图10-7~图10-9)。

"应收账款占比分析"SQL 代码如下:

SELECT a.日期,a.应收金额,b.实际销售额 FROM

(SELECT date_format(下单时间,'20%y-%m-01') AS 日期,SUM(总金额) AS 应收金额

FROM 销售订制单 WHERE 客户性质 = '普通企业' or 客户性质 = '合作企业'

GROUP BY date_format(下单时间,'20%y-%m-01'))a,

(SELECT date_format(下单时间,'20%y-%m-01') AS 日期,SUM(总金额) AS 实际销售额

FROM 销售订制单 GROUP BY date_format(下单时间,'20%y-%m-01')) b

WHERE a.日期 = b.日期 GROUP BY a.日期

图10-7 连接数据库服务器

图 10-8 编辑"应收账款占比分析"SQL 代码

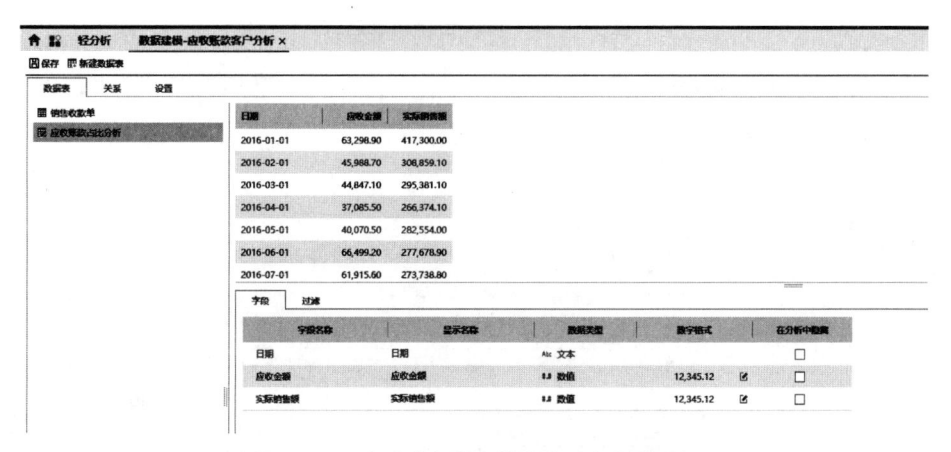

图 10-9 保存"应收账款占比分析"数据表

🔊 **注意** "WHERE a.日期 = b.日期 GROUP BY a.日期",即 a 表与 b 表通过日期建立关系,且以 a 表的日期聚合。

(5)创建计算字段。在应收账款客户分析表下新建计算字段,进入"新建计算字段"界面,名称:应收账款占比,表达式:[应收金额]/[实际销售额],输入完后点击"确定",并点击"保存"(见图 10-10~图 10-12)。

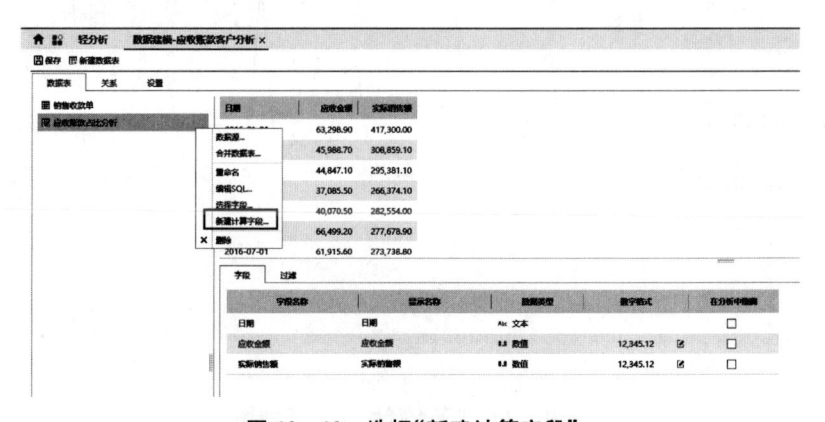

图 10-10 选择"新建计算字段"

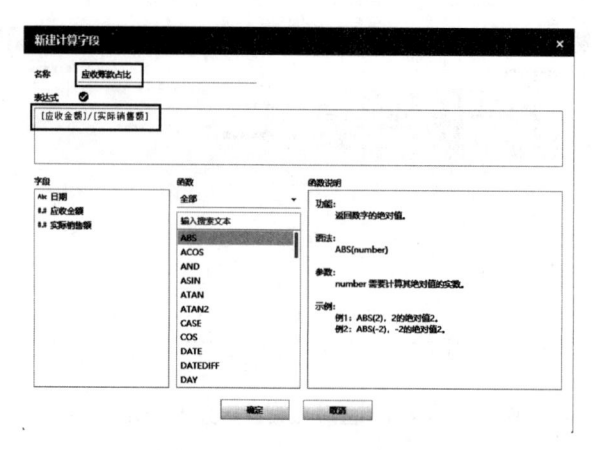

图 10‑11 输入名称和表达式

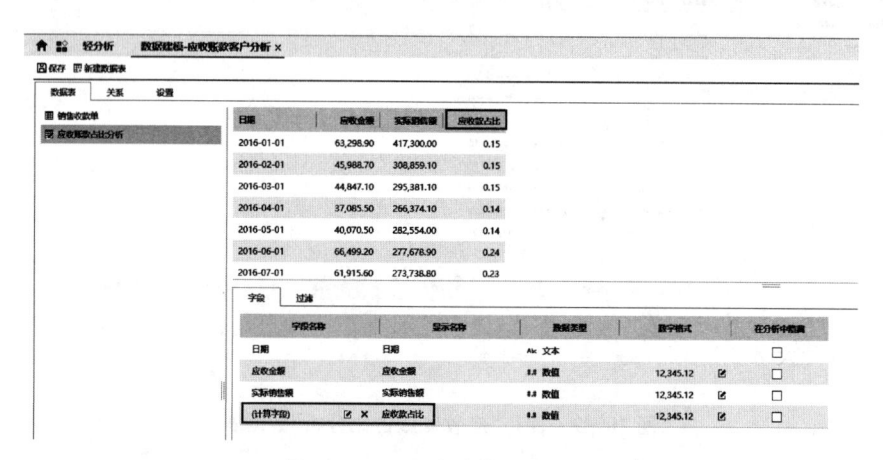

图 10‑12 完成计算字段新建

（6）进入数据斗方，选择"折线图"，横轴拖入"日期"；纵轴拖入"应收账款占比"，度量为"平均"。选择预览尺寸为"全画面"（见图 10‑13）。

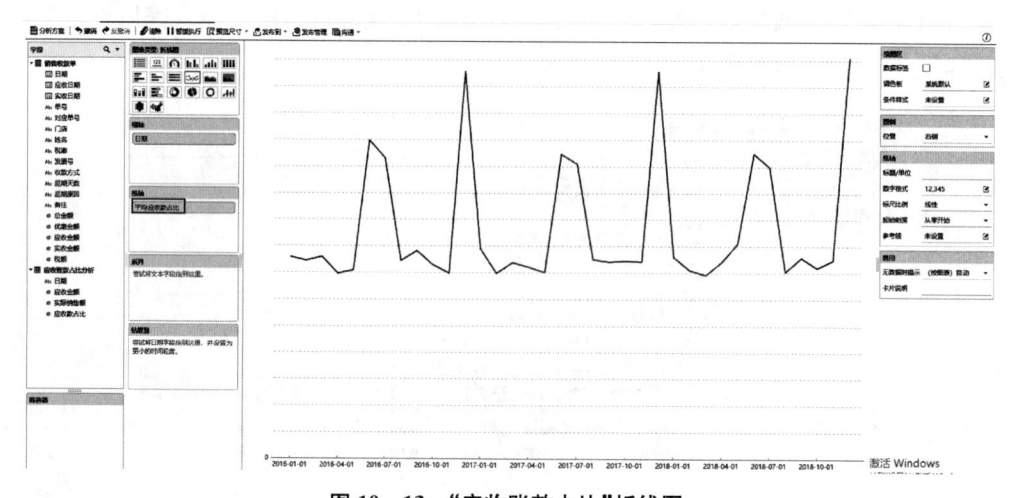

图 10‑13 "应收账款占比"折线图

(7) 点击"分析方案",选择"另存为",方案名称"应收账款占比分析",点击"确定"(见图 10-14)。

图 10-14 另存为"应收账款占比分析"方案

6. 任务作业
(1) 自行根据数据分析需要,分析各门店的最大应收金额、最小应收金额。
(2) 自行根据数据分析需要,分析不同收款方式下的应收金额。
(3) 自行根据数据分析需要,分析不同超期天数的应收账款比例。

任务十六 应收账款周转分析

1. 任务目的
应收账款周转率是企业在一定时期内赊销净收入与平均应收账款余额之比。它是衡量企业应收账款周转速度及管理效率的指标。一般来说,应收账款周转率越高,表明企业收账速度快,平均收账期短,坏账损失少。但从另一方面说,如果企业的应收账款周转天数太短,则表明企业奉行较紧的信用政策,付款条件过于苛刻,这样会限制企业销售量的扩大,特别是当这种限制的代价(机会收益)大于赊销成本时,会影响企业的盈利水平。所以,分析应收账款周转情况,可为企业的经营管理提供有效决策。

2. 任务内容
企业的应收账款周转情况如何?对于应收账款的管理,应收账款周转率是否越高越好?

3. 任务准备
(1) 新建一个业务主题,命名为"应收账款周转分析",点击"确定",完成创建;
(2) 进入"数据建模"。

4. 任务要求
分析应收账款周转情况。

5. 任务操作指导
(1) 进入数据建模,选择"新建数据表",选择 MySQL 数据库,点击"下一步";输入服务器、端口、用户名和密码后点击"连接",数据库为"business_data",类型为"自定义 SQL",点击"下一步";将名称命名为"应收账款周转分析",编辑 SQL 代码,点击"确定";然后保存"应收账款周转分析"数据表(见图 10-15~图 10-17)。
"应收账款周转分析"SQL 代码如下:

SELECT b.日期,b.期初应收款,c.本期应收款额,d.实际销售额,(d.实际销售额/((b.期初应收款＋c.本期应收款额)/2)) AS 应收账款周转率

FROM (SELECT

date_format((DATE_SUB(a.日期,INTERVAL－1 MONTH)),'％Y－％m－01') AS 日期,

a.本期应收款额 AS 期初应收款

FROM (SELECT DATE_FORMAT(日期,'20％y－％m－01') AS 日期,

SUM(应收金额) AS 本期应收款额

FROM 销售收款单 GROUP BY DATE_FORMAT(日期,'20％y－％m-01'))a)b,

(SELECT DATE_FORMAT(日期,'20％y－％m－01') AS 日期,

SUM(应收金额) AS 本期应收款额

FROM 销售收款单 GROUP BY DATE_FORMAT(日期,'20％y－％m-01'))c,

(SELECT DATE_FORMAT(下单时间,'20％y－％m－01') AS 日期,

(SUM(总金额)－SUM(费用金额)) AS 实际销售额

FROM 销售订制单 GROUP BY DATE_FORMAT(下单时间,'20％y－％m－01')) d

WHERE b.日期＝c.日期 AND b.日期＝d.日期

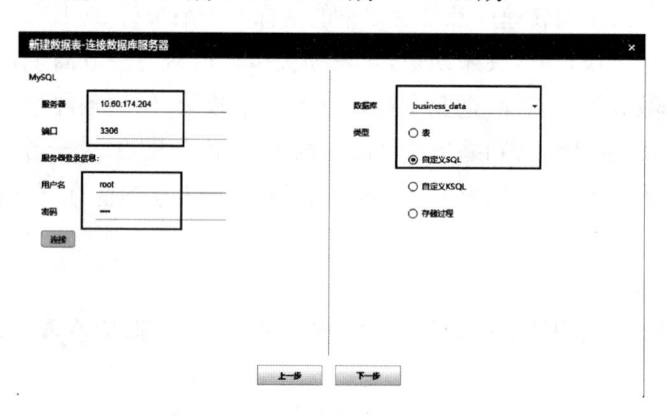

图 10－15　连接数据库服务器

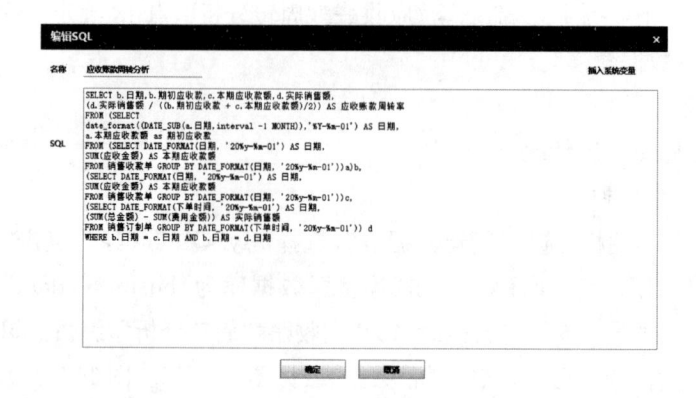

图 10－16　编辑"应收账款周转分析"SQL 代码

图 10-17 保存"应收账款周转分析"数据表

> **注意**

第一,date_sub()函数,即从日期减去指定的时间间隔;

第二,"INTERVAL - 1 MONTH",表示未来的一个月;"INTERVAL - 1 MONTH",表示过去的一个月;

第三,该语法中,a,b,c 表均源于销售收款单,d 表即销售订制单。

(2)进入数据斗方,选择"折线图",横轴拖入"日期";纵轴拖入"应收账款周转率",度量为"平均"。选择预览尺寸为"全画面",选中"数据标签"(见图 10-18)。

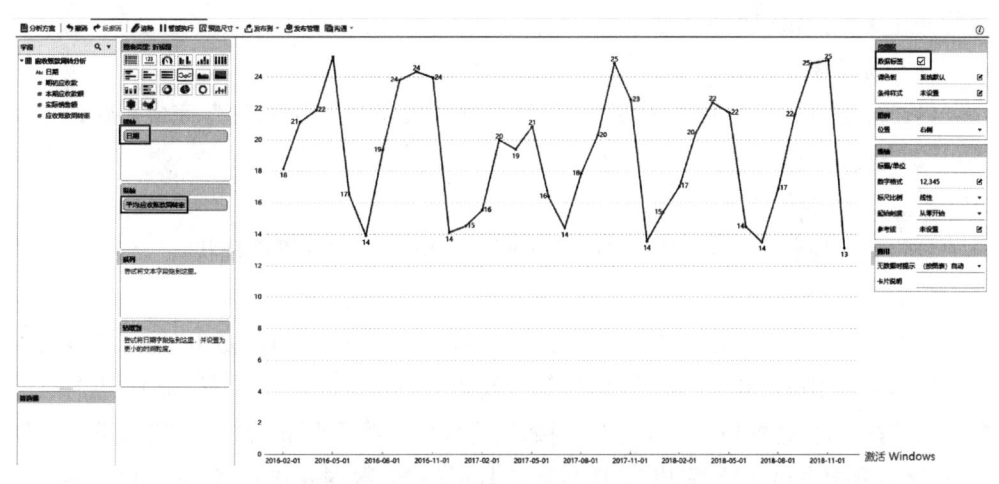

图 10-18 "应收账款周转分析"折线图

(3)点击"分析方案",选择"另存为",方案名称"应收账款周转分析",点击"确定"(见图 10-19)。

6. 任务作业

自行根据数据分析需要,分析各月实际销售额的变动趋势。

图 10-19 另存为"应收账款周转分析"方案

10.2 应付账款主题

应付账款,是指企业因购买材料、商品或接受劳务等而发生的债务,这主要是由于买卖双方在取得物资与支付货款的时间不一致而造成的。分析应付账款,可以分析企业的偿债能力,安排不同债务的支付顺序,在合理期间内支付货款,提高企业资金的使用效率。本节依托金蝶云星空平台,运用数据可视化分析以及 SQL 语言,对案例企业应付账款进行快速整理与分析,挖掘数据价值,提升企业应付账款的管理能力。

任务十七　应付账款供应商分析

1. 任务目的

通过分析企业对供应商拖欠货款的情况,评估企业对供应商的重要程度,通过合理的还款,保持与供应商的良好合作关系。

2. 任务内容

企业供应商是企业应付账款的主要支付对象,财务人员如何通过各企业应付账款的变化来维护供应商关系?

3. 任务准备

(1) 新建一个业务主题,命名为"应付账款月报表",点击"确定",完成创建;

(2) 进入"数据建模"。

4. 任务要求

分析企业应付账款对应的供应商,了解企业应付账款的管理现状。

5. 任务操作指导

(1) 进入数据建模,选择"新建数据表",选择 MySQL 数据库,点击"下一步";输入服务器、端口、用户名和密码后点击"连接",数据库为"business_data",类型为"表",点击"下一步";进入新建数据表后选择"应付账款月报表",然后点击"下一步"进入下一个界面,在字段界面直接选择"完成","应付账款月报表"的数据表建立完成;同时点击左上角的"保存"按钮,实现"应付账款月报表"的保存(见图 10-20～图 10-22)。

图 10-20　连接数据库服务器

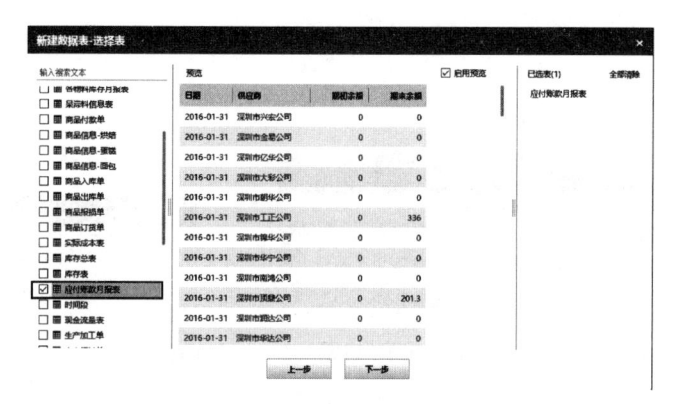

图 10-21 选择"应付账款月报表"

图 10-22 完成"应付账款月报表"选择字段

(2) 进入数据斗方,选择"饼图",筛选器拖入"日期",数据筛选选择"年月";角度拖入"期末余额",度量为"求和";颜色拖入"供应商"。选择预览尺寸为"全画面",选中"数据标签",标签显示"名称+百分比"(见图 10-23)。

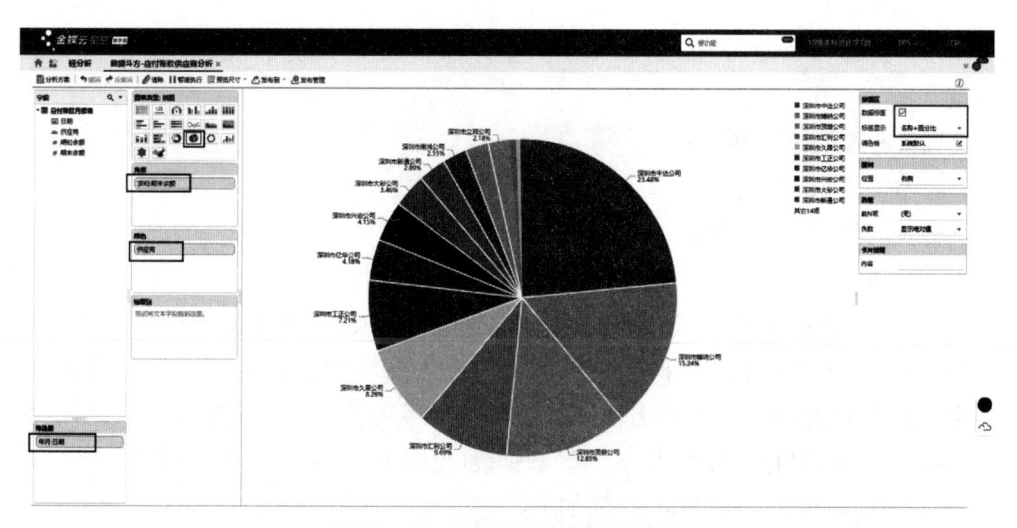

图 10-23 "应付账款月报表"饼图

(3) 点击"分析方案",选择"另存为",方案名称"应付账款供应商分析",点击"确定"(见图 10-24 和图 10-25)。

图 10-24　保存"应付账款月报表"饼图

图 10-25　另存为"应付账款供应商分析"方案

6. 任务作业

自行根据数据分析需要,分析 2017 年应付各个供应商的平均余额。

任务十八　应付账款周转分析

1. 任务目的

应付账款周转率反映的是企业应付账款的流动程度,合理的应付账款周转率来自同行业对比和企业历史正常水平。当企业的应付账款周转率低于行业平均水平时,说明企业较同行业可以更多占用供应商的货款,显示其重要的市场地位,但同时也要承担较大的还款压力,反之亦然。通过对应付账款的周转分析,可以为企业管理应付账款提供有效决策。

2. 任务内容

企业的应付账款周转情况如何?对于应付账款的管理,应付账款周转率是否越低越好?

3. 任务准备

(1) 新建一个业务主题,命名为"应付账款周转分析",点击"确定",完成创建;

(2) 进入"数据建模"。

4. 任务要求

分析应付账款周转情况。

5. 任务操作指导

(1) 进入数据建模,选择"新建数据表",选择 MySQL 数据库,点击"下一步";输入服务器、端口、用户名和密码后点击"连接",数据库为"business_data",类型为"自定义 SQL",点击"下一步";将名称命名为"应付账款周转分析",编辑 SQL 代码,点击"确定";然后保存"应付账款周转分析"数据表(见图 10-26～图 10-28)。

"应付账款周转分析"SQL 代码如下:

SELECT a.日期,a.营业成本,c.期初余额,c.期末余额,

(a.营业成本/((c.期初余额 + c.期末余额)/2)) AS 应付账款周转率
FROM (SELECT 日期,营业成本 FROM 利润表)a,
(SELECT
date_format((DATE_SUB(b.日期,INTERVAL - 1 QUARTER)),'%Y-%m')
AS 日期,
b.期初余额,b.期末余额
FROM (SELECT 日期,SUM(期初余额) AS 期初余额,SUM(期末余额) AS 期末余额
FROM 应付账款月报表 WHERE 日期 LIKE '%03-31' OR
日期 LIKE '%06-30' OR 日期 LIKE '%09-30' OR 日期 LIKE '%12-31'
GROUP BY 日期)b)c
WHERE a.日期 like CONCAT('%',c.日期,'%')

图 10-26　连接数据库服务器

图 10-27　编辑"应付账款周转分析"SQL 代码

图 10-28 保存"应付账款周转分析"数据表

(2) 进入数据斗方,选择"折线图",横轴拖入"日期",维度为"季度";纵轴拖入"应付账款周转率",度量为"平均"。选择预览尺寸为"全画面",选中"数据标签"(见图 10-29)。

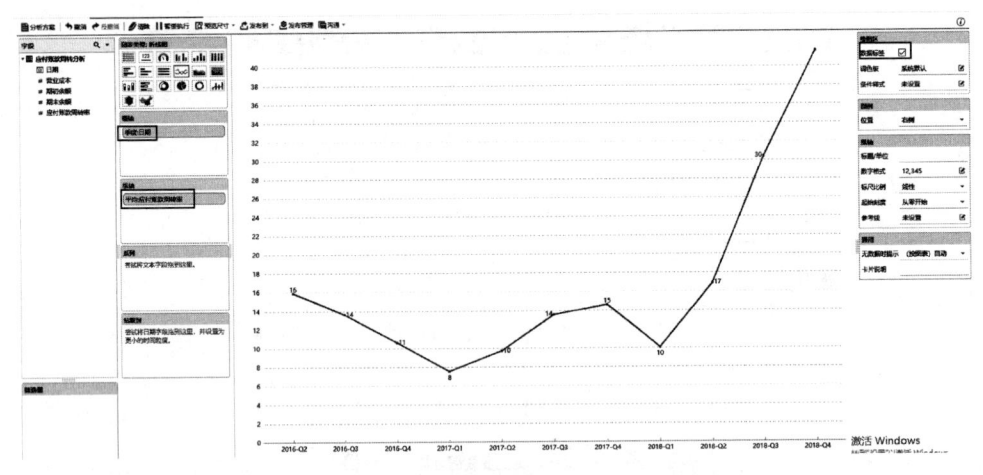

图 10-29 "应付账款周转分析"折线图

图 10-30 另存为"应付账款周转分析"方案

(3) 点击"分析方案",选择"另存为",方案名称"应收账款周转分析",点击"确定"(见图 10-30)。

6. 任务作业

自行根据数据分析需要,分析各个季度应付账款周转率的变动趋势。

10.3 成本费用主题

成本费用泛指企业在生产经营中所发生的各种资金耗费。成本费用既是衡量产品价值的基础,也是企业提高利润的重要途径,能否有效控制成本费用,直接关系着企业的生存发展。本节依托金蝶云星空平台,运用数据可视化分析以及 SQL 语言,对案例企业成本费用进行快速整理与分析，挖掘数据价值，提升企业成本费用的管理能力。

任务十九　成本结构分析

1. 任务目的

成本结构分析是利用核算企业的相关资料，对成本的构成情况进行系统的研究，寻找降低成本途径的分析。通过成本结构分析，有利于正确认识、掌握和运用成本结构的分布，实现降低成本的目标；有助于进行成本控制，正确评价成本计划完成情况，还可为制订成本计划、经营决策提供重要依据，指明成本管理工作的努力方向。

2. 任务内容

研究生产经营过程中的成本项目，了解成本结构的变动情况，结合各个项目成本的增减情况，进一步分析各个项目成本发生增减及成本结构发生变化的原因。

3. 任务准备

（1）新建一个业务主题，命名为"成本结构分析"，点击"确定"，完成创建；

（2）进入"数据建模"。

4. 任务要求

分析成本的结构。

5. 任务操作指导

（1）进入数据建模，选择"新建数据表"，选择 MySQL 数据库，点击"下一步"；输入服务器、端口、用户名和密码后点击"连接"，数据库为"business_data"，类型为"自定义 SQL"，点击"下一步"；在"新建数据表－自定义 SQL"界面，将名称命名为"成本结构分析"，编辑 SQL 代码，点击"完成"；然后保存"成本结构分析"数据表（见图10-31～图10-33）。

"成本结构分析"SQL 代码如下：

SELECT a.日期,a.门店,a.变动成本,b.固定成本

FROM (SELECT DATE_FORMAT(日期,'20%y-12-31') AS 日期,门店,

SUM(实际成本) AS 变动成本

FROM 实际成本表

GROUP BY DATE_FORMAT(日期,'20%y-12-31'),门店)a,

(SELECT DATE_FORMAT(日期,'20%y-12-31') AS 日期,门店,

SUM(金额) AS 固定成本

FROM 运营成本表

GROUP BY DATE_FORMAT(日期,'20%y-12-31'),门店)b

WHERE a.日期 = b.日期 AND a.门店 = b.门店

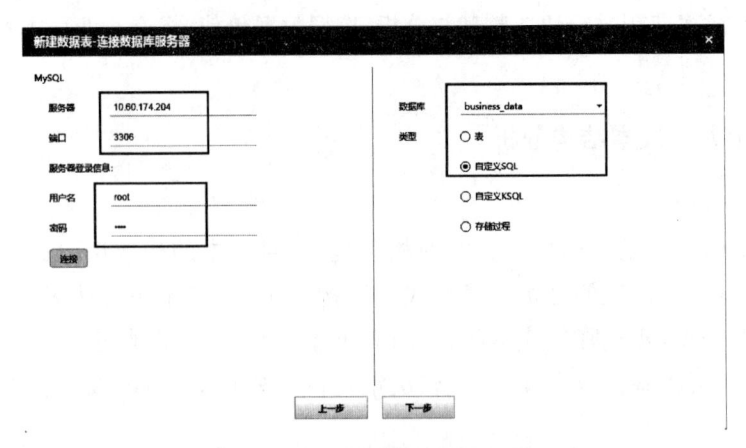

图 10-31　连接数据库服务器

图 10-32　编辑"成本结构分析"SQL 代码

图 10-33　"成本结构分析"数据表

（2）创建计算字段。在成本结构分析表下新建计算字段，进入"新建计算字段"界面，名称：总成本，表达式：[变动成本]＋[固定成本]，输入完后点击"确定"，并点击"保存"（见图 10-34～图 10-36）。

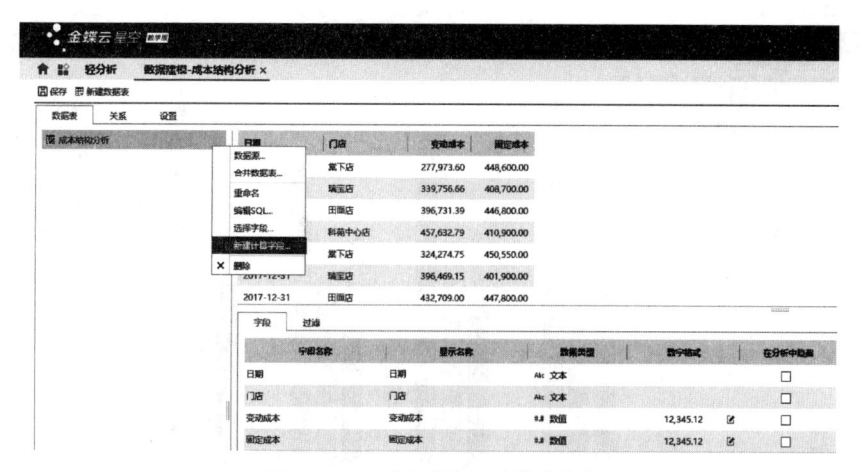

图 10‐34　选择"新建计算字段"

图 10‐35　输入名称和表达式

图 10‐36　保存"成本结构分析"数据表

（3）进入数据斗方，选择"多系列柱形图"，横轴拖入"门店"；纵轴分别拖入"变动成本""固定成本""总成本"，度量均为"求和"。选择预览尺寸为"全画面"，选中"数据标签"（见图 10‐37）。

· 151 ·

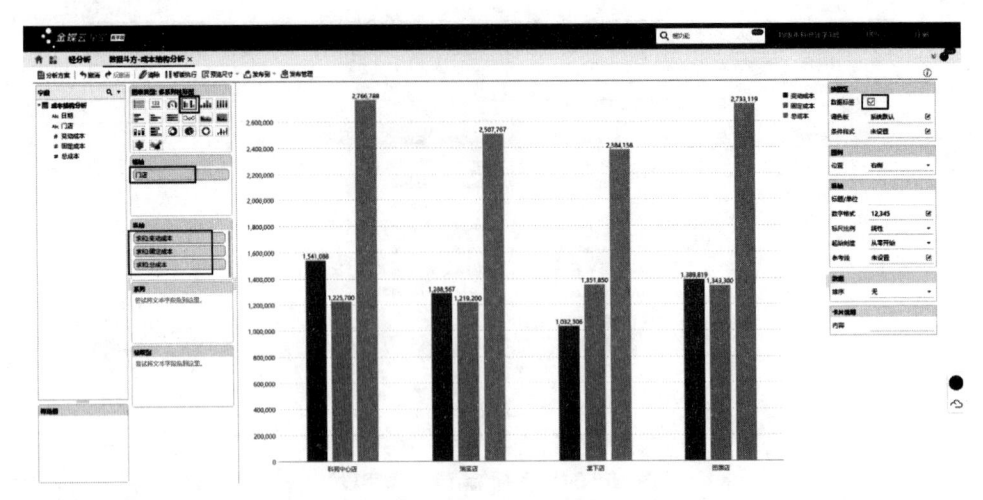

图 10-37 "成本结构分析"多系列柱形图

（4）点击"分析方案"，选择"另存为"，方案名称"成本结构分析"，点击"确定"（见图 10-38）。

6. 任务作业

（1）自行根据数据分析需要，成本占营业收入比；

（2）自行根据数据分析需要，分析各门店各季度的成本变动趋势。

图 10-38 另存为"成本结构分析"方案

任务二十 生产运营成本分析

1. 任务目的

通过商品原料分析指标，分析每个商品的原材料，关注重要原料的变化情况，有助于商品工艺的改进以及采购计划的优化。通过各项变动成本项目的分析，结合预算分析，对异常项目进行成本控制，对成本项目的结果进行评价，分析产生的原因，总结降低成本的经验，以利于下一期成本控制活动的开展。

2. 任务内容

财务主管为控制企业成本，想要了解商品的原料构成，以及商品的变动成本趋势，应该如何去分析？

3. 任务准备

（1）新建一个业务主题，命名为"生产运营成本分析"，点击"确定"，完成创建；

（2）进入"数据建模"。

4. 任务要求

（1）商品原料分析；

（2）运营成本分析。

5. 任务操作指导

（1）进入"数据建模"，选择"新建数据表"，选择 MySQL 数据库，点击"下一步"；

输入服务器、端口、用户名和密码后点击"连接",数据库为"business_data",类型为"表",点击"下一步";进入新建数据表后选择"实际成本表"和"生产加工单",然后点击"下一步"进入下一个界面,在字段界面,"实际成本表"选取"日期""直接材料""直接人工""直接费用"四个字段,"生产加工单"选取"商品名称""原材料""金额"三个字段,然后点击"完成","实际成本表"和"生产加工单"的数据表建立完成;同时点击左上角的"保存"按钮,实现"实际成本表"和"生产加工单"的保存(见图10-39~图10-43)。

图10-39 连接数据库服务器

图10-40 选择"实际成本表"和"生产加工单"

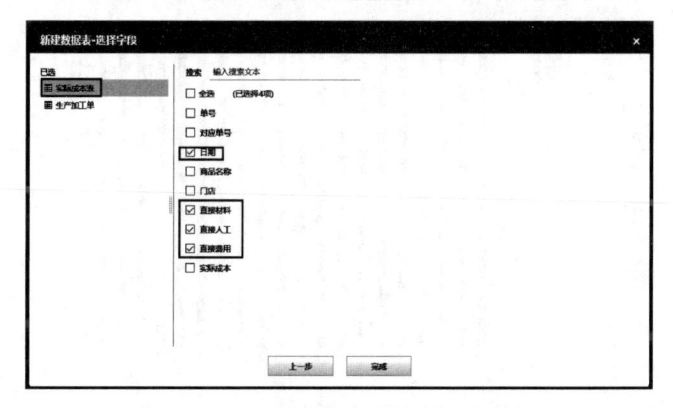

图10-41 选择"实际成本表"相应字段

图10-42 选择"生产加工单"相应字段

图10-43 保存"实际成本表"和"生产加工单"数据表

(2) 进入数据斗方,选择"百分比柱形图",横轴拖入"商品名称";纵轴拖入"金额",度量为"求和";堆积拖入"原材料"。选择预览尺寸为"全画面"(见图10-44)。

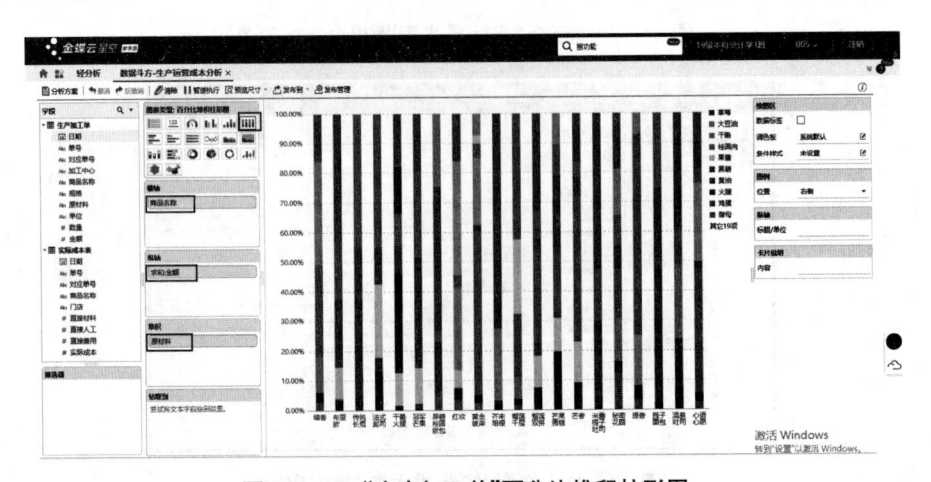

图10-44 "生产加工单"百分比堆积柱形图

(3) 点击"分析方案",选择"另存为",方案名称"商品原料分析",点击"确定"(见图10-45)。

(4) 进入数据斗方,选择"折线图",横轴拖入"日期",维度为"年月";纵轴分别拖入"直接材料""直接费用""直接人工",度量均为"求和"。选择预览尺寸为"全画面"(见图10-46)。

图 10-45 另存为"商品原料分析"方案

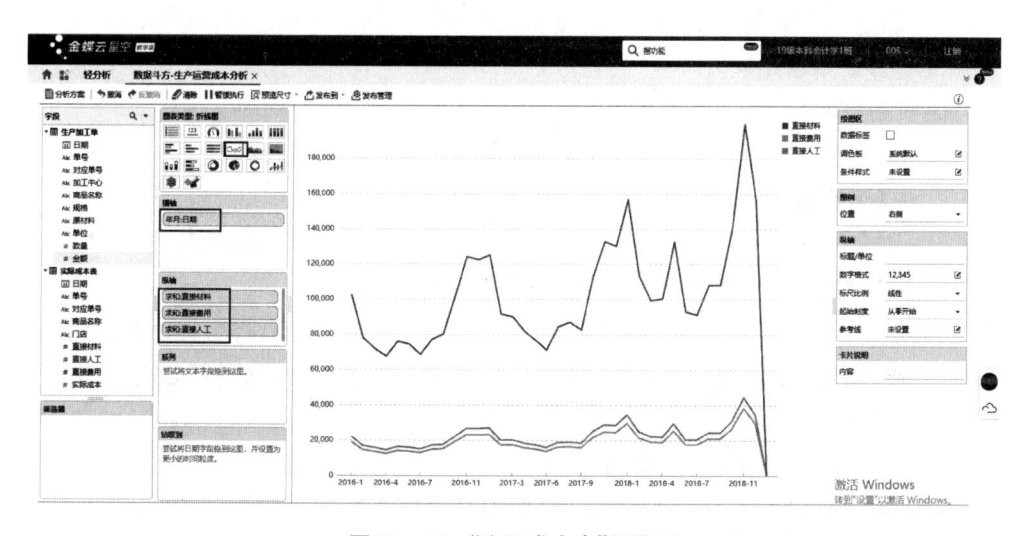

图 10-46 "实际成本表"折线图

(5) 点击"分析方案",选择"另存为",方案名称"运营成本分析",点击"确定"(见图10-47)。

6. 任务作业

自行根据数据分析需要,分析各门店的实际成本。

图 10-47 另存为"运营成本分析"方案

10.4 盈利主题

盈利能力是指企业获取利润的能力,也称为企业的资金或资本增值能力,通常表现为一定时期内企业收益数额的多少及其水平的高低。一个企业是否盈利、利润多少,直接影响到企业的生存发展。本节依托金蝶云星空平台,运用数据可视化分析以及 SQL 语言,对案例企业盈利水平进行快速整理与分析,挖掘数据价值,提升企业的盈利能力。

任务二十一 营业利润分析

1. 任务目的

通过对利润的分析,结合实际销售情况,考察门店的经营状况以及产品的盈利状况,对高利润高销量或高利润低销量的产品做针对性的营销策略,调整产品结构,以提高利润。

2. 任务内容

田面店店长为提高本店业绩,想要了解近几个月各商品的利润趋势,以及各产品的利润占比情况,应该如何去完成?

3. 任务准备

(1) 新建一个业务主题,命名为"营业利润分析",点击"确定",完成创建;

(2) 进入"数据建模"。

4. 任务要求

分析各商品利润占比、毛利率趋势、各商品营业利润额/率趋势。

5. 任务操作指导

(1) 进入数据建模,选择"新建数据表",选择 MySQL 数据库,点击"下一步";输入服务器、端口、用户名和密码后点击"连接",数据库为"business_data",类型为"自定义 SQL",点击"下一步";在"新建数据表－自定义 SQL"界面,将名称命名为"营业利润分析",编辑 SQL 代码,点击"完成";然后保存"营业利润分析"数据表(见图 10-48～图 10-50)。

"营业利润分析"SQL 代码如下:

SELECT DATE_FORMAT(a.下单时间, '20％y-％m-％d') AS 日期, a.商品名称, a.门店, a.`收货地址(区级)` AS 区域, a.总金额, a.费用金额, b.实际成本

FROM 销售订制单 a, 实际成本表 b

WHERE a.单号 = b.对应单号

图 10-48 连接数据库服务器

图 10-49 编辑"营业利润分析"SQL 代码

图 10-50 "营业利润分析"数据表

(2) 创建计算字段。在营业利润分析表下新建计算字段,进入"新建计算字段"界面,名称:营业利润额,表达式:[总金额]-[费用金额]-[实际成本],输入完后点击"确定",并点击"保存"(见图 10-51~图 10-53)。

图 10-51 选择"新建计算字段"

图 10-52 输入名称和表达式

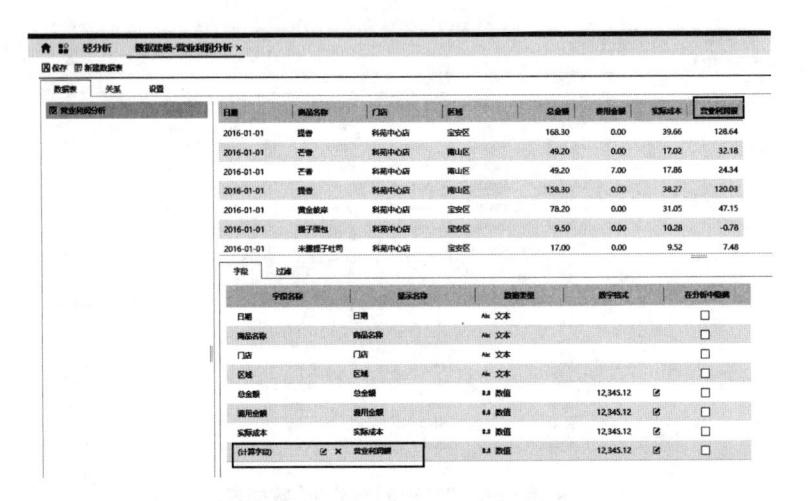

图 10-53 新建"营业利润额"字段

(3) 创建计算字段。在营业利润分析表下新建计算字段,进入"新建计算字段"界面,名称:营业利润率,表达式:([总金额]-[费用金额]-[实际成本])/[总金额],输入完后点击"确定",并点击"保存"(见图 10-54~图 10-56)。

图 10-54 选择"新建计算字段"

图 10-55 输入名称和表达式

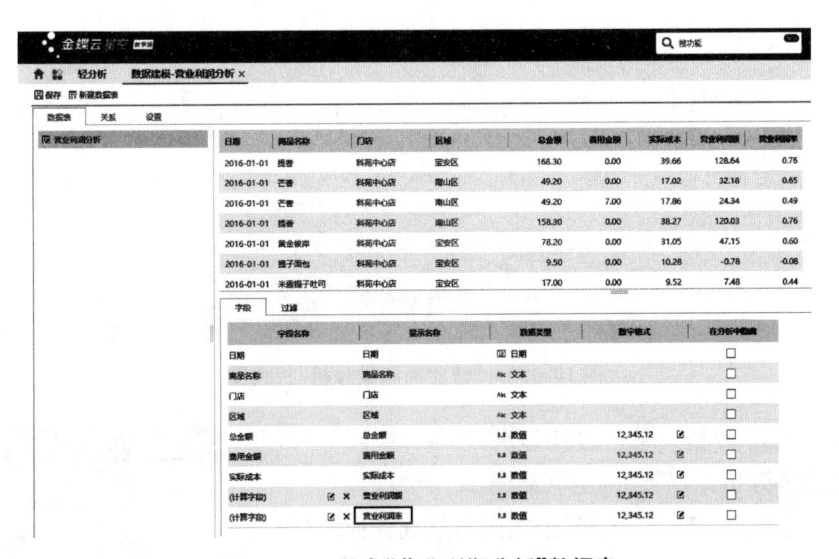

图 10-56 保存"营业利润分析"数据表

(4) 进入数据斗方,选择"饼图",角度拖入"营业利润额",度量为"求和";颜色拖入"商品名称"。选择预览尺寸为"全画面",选中"数据标签"(见图 10-57)。

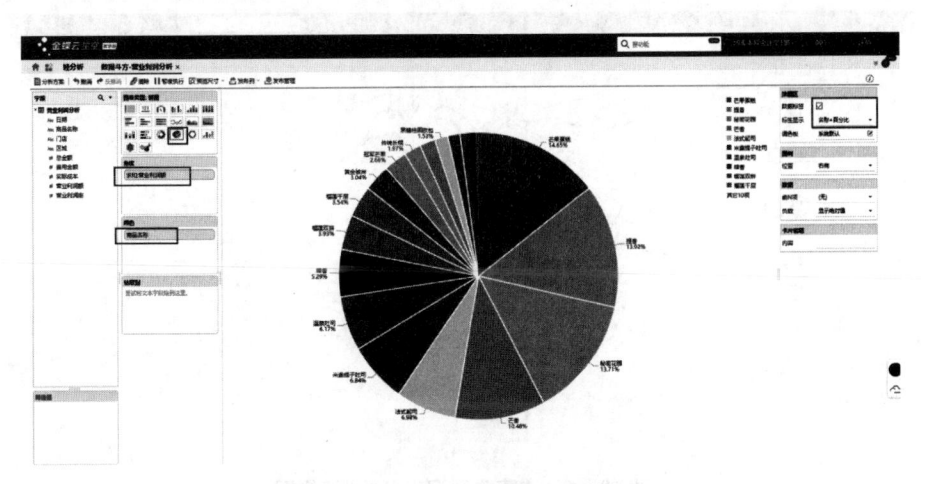

图 10-57 "营业利润额分析"饼图

（5）点击"分析方案"，选择"另存为"，方案名称"营业利润额分析"，点击"确定"（见图10-58）。

（6）进入数据斗方，选择"折线图"，筛选器拖入"门店"；横轴拖入"日期"，维度为"季度"；纵轴拖入"营业利润额"，度量为"求和"；系列拖入"商品名称"。选择预览尺寸为"全画面"，选中"数据标签"（见图10-59）。

图10-58　另存为"营业利润额分析"方案

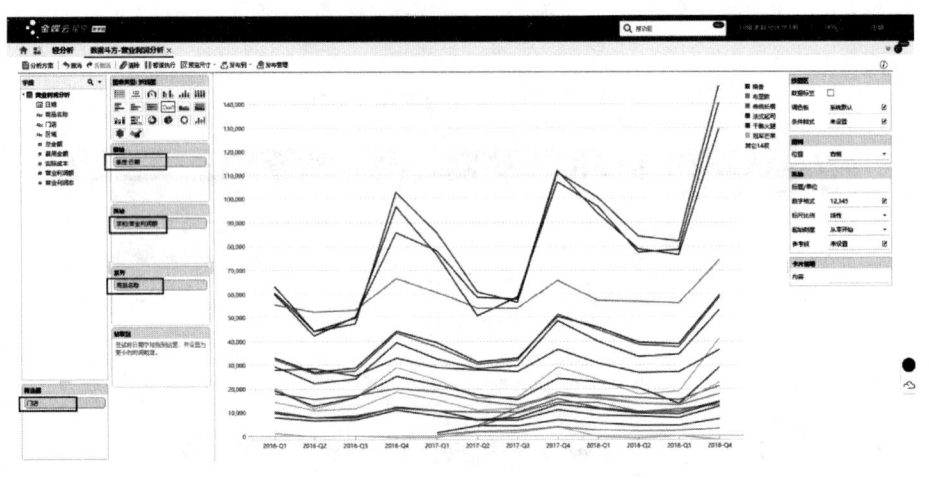

图10-59　"营业利润额分析"折线图

（7）点击"分析方案"，选择"另存为"，方案名称"营业利润额趋势分析"，点击"确定"（见图10-60）。

（8）进入数据斗方，选择"折线图"，筛选器拖入"商品名称"；横轴拖入"日期"，维度为"年月"；纵轴拖入"营业利润率"，度量为"平均"；系列拖入"商品名称"。选择预览尺寸为"全画面"（见图10-61）。

图10-60　另存为"营业利润额趋势分析"方案

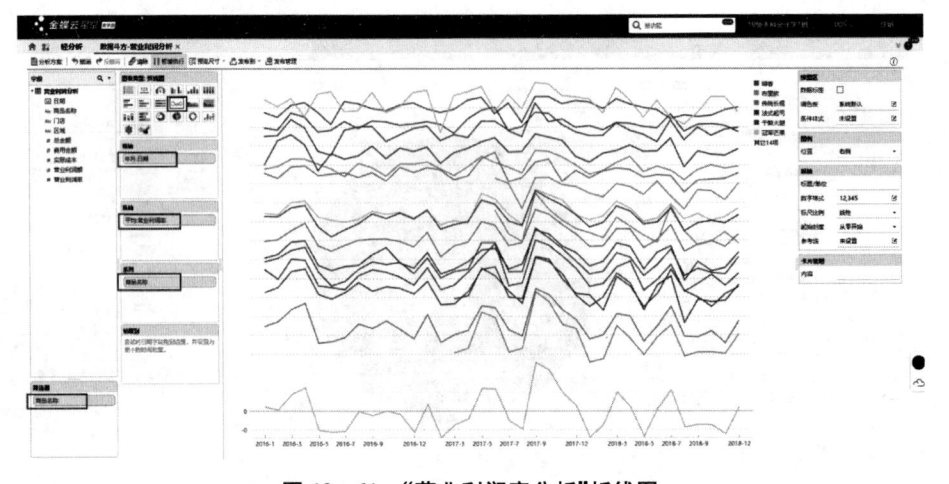

图10-61　"营业利润率分析"折线图

(9) 点击"分析方案",选择"另存为",方案名称"营业利润率分析",点击"确定"(见图 10-62)。

6. 任务作业

(1) 自行根据数据分析需要,分析各门店的实际成本占比;

(2) 自行根据数据分析需要,分析各季度的营业利润额变动趋势;

图 10-62 另存为"营业利润率分析"方案

(3) 自行根据数据分析需要,分析各区域的营业利润额占比;

(4) 自行根据数据分析需要,分析不同商品的营业利润额占比。

任务二十二　盈利能力分析

1. 任务目的

通过总资产报酬率,来衡量企业运用所有投资资源所获经营成效,总资产报酬率越高,则表明企业越善于运用资产;反之,则资产利用效果越差。通过总资产周转率,来衡量企业总资产是否得到充分利用,总资产周转速度的快慢,意味着总资产利用效率的高低。通过净资产收益率,衡量企业运用自有资本的效率,指标值越高,说明投资带来的收益越高,该指标体现了自有资本获得净收益的能力。通过销售净利率,衡量企业在一定时期的销售收入获取的能力,通过分析销售净利率的升降变动,可以促使企业在扩大销售的同时,注意改进经营管理,提高盈利水平。

2. 任务内容

财务主管从财务管理中盈利能力的角度并结合案例数据,可以分析哪些指标?

3. 任务准备

(1) 新建一个业务主题,命名为"盈利能力分析",点击"确定",完成创建;

(2) 进入"数据建模"。

4. 任务要求

分析总资产报酬率、总资产周转率、净资产收益率、销售净利率。

5. 任务操作指导

(1) 进入数据建模,选择"新建数据表",选择 MySQL 数据库,点击"下一步";输入服务器、端口、用户名和密码后点击"连接",数据库为"business_data",类型为"自定义 SQL",点击"下一步";在"新建数据表－自定义 SQL"界面,将名称命名为"总资产报酬率",编辑 SQL 代码,点击"完成";然后保存"总资产报酬率"数据表(见图 10-63~图 10-65)。

"总资产报酬率"SQL 代码如下:

SELECT a.日期,a.利润总额,a.财务费用,

b.资产合计 AS 本期资产合计,

c.资产合计 AS 上期资产合计

FROM (SELECT 日期,利润总额,财务费用 FROM 利润表)a,

(SELECT 日期,资产合计 FROM 资产负债表) b,
　　(select date_format((DATE_SUB(日期,INTERVAL -1 QUARTER)),'%Y-%m') AS 日期,
　　资产合计 FROM 资产负债表)c
　　WHERE a.日期 = b.日期 AND a.日期 like CONCAT('%',c.日期,'%')

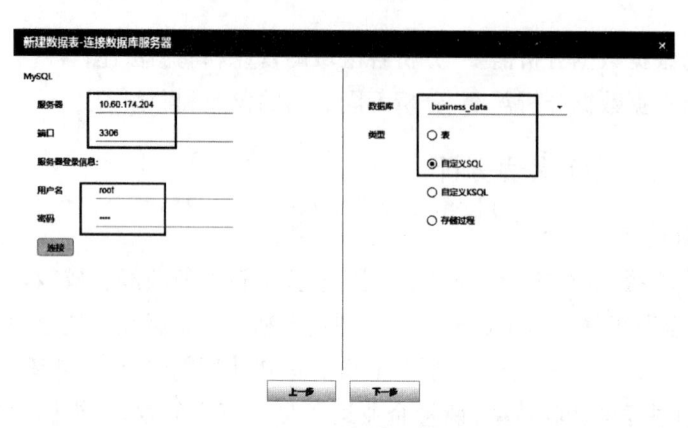

图 10-63　连接数据库服务器

图 10-64　编辑"总资产报酬率"SQL 代码

图 10-65　保存"总资产报酬率"数据表

· 162 ·

（2）创建计算字段。在盈利能力分析表下新建计算字段，进入新建字段界面，名称：总资产报酬率，表达式：（[利润总额]+[财务费用]）/（（[本期资产合计]+[上期资产合计]）/2），输入完后点击"确定"，并点击"保存"（见图10-62～图10-68）。

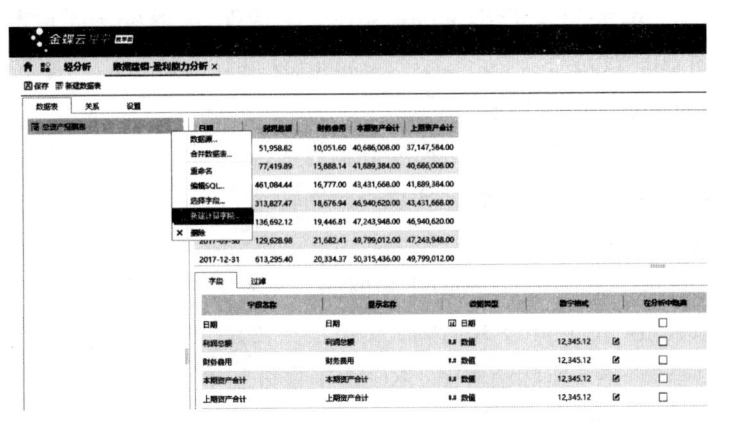

图 10-66　选择"新建计算字段"

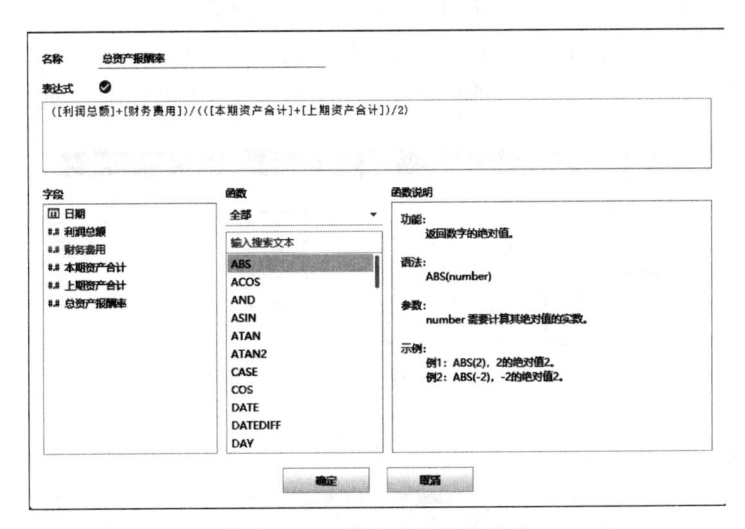

图 10-67　输入名称和表达式

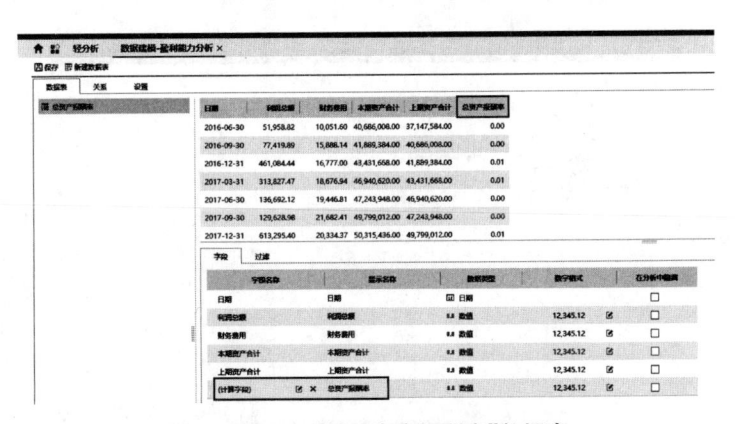

图 10-68　保存"总资产报酬率"数据表

(3) 进入数据建模,并选择"新建数据表",选择 MySQL 数据库,点击"下一步";输入服务器、端口、用户名和密码后点击"连接",数据库为"business_data",类型为"自定义 SQL",点击"下一步";在"新建数据表－自定义 SQL"界面,将名称命名为"总资产周转率",编辑 SQL 代码,点击"完成";然后保存"总资产周转率"数据表(见图10-69~图 10-71)。

"总资产周转率"SQL 代码如下:
SELECT a.日期,a.资产合计,b.实际销售额,
b.实际销售额 / a.资产合计 AS 总资产周转率
FROM 资产负债表 a,
(SELECT concat(date_format(下单时间,'%Y'),
FLOOR((date_format(下单时间,'%m') + 2) / 3)) AS 日期,
SUM(总金额) AS 实际销售额 FROM 销售订制单
GROUP BY concat(date_format(下单时间,'%Y'),
FLOOR((date_format(下单时间,'%m') + 2) / 3))) b
WHERE concat(date_format(a.日期,'%Y'),
FLOOR((date_format(a.日期,'%m') + 2) / 3)) LIKE b.日期

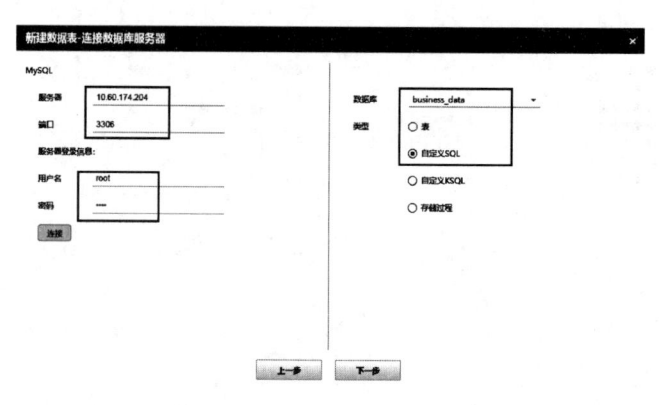

图 10-69 连接数据库服务器

图 10-70 编辑"总资产周转率"SQL 代码

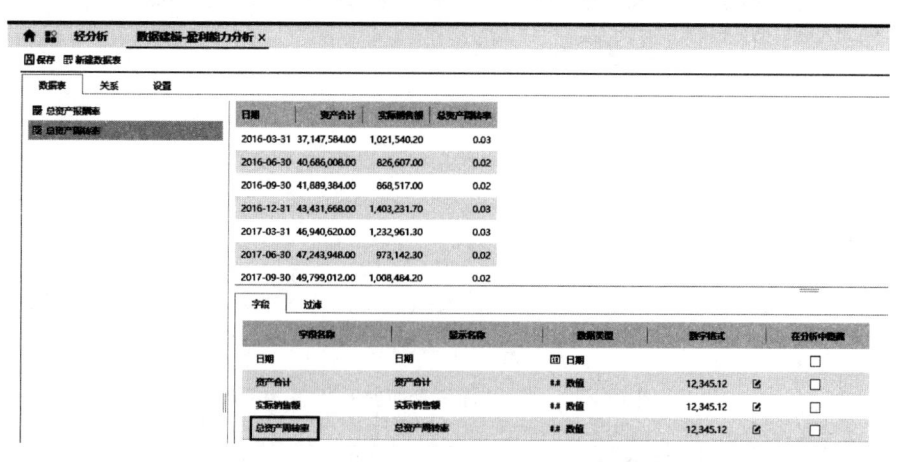

图 10-71　保存"总资产周转率"数据表

（4）进入数据建模,并选择"新建数据表",选择 MySQL 数据库,点击"下一步";输入服务器、端口、用户名和密码后点击"连接",数据库为"business_data",类型为"自定义 SQL",点击"下一步";在"新建数据表－自定义 SQL"界面,将名称命名为"净资产收益率",编辑 SQL 代码,点击"完成";然后保存"净资产收益率"数据表(见图10-72～图 10-74)。

"净资产收益率"SQL 代码如下:

SELECT a.日期,a.净利润,b.所有者权益合计,

a.净利润／b.所有者权益合计 AS 净资产收益率

FROM 利润表 a,资产负债表 b

WHERE a.日期 ＝ b.日期

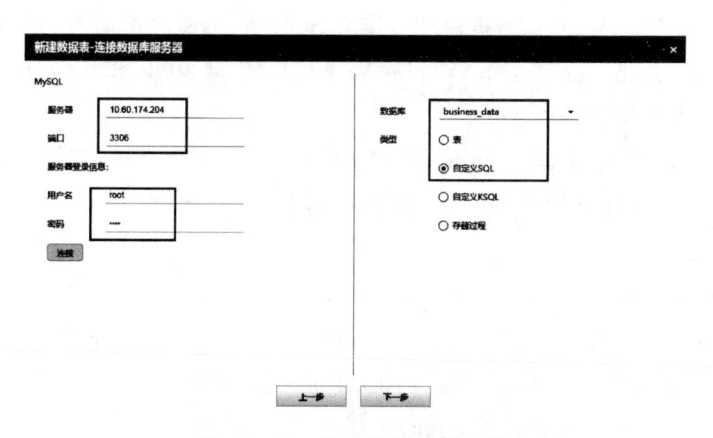

图 10-72　连接数据库服务器

图 10 - 73　编辑"净资产收益率"SQL 代码

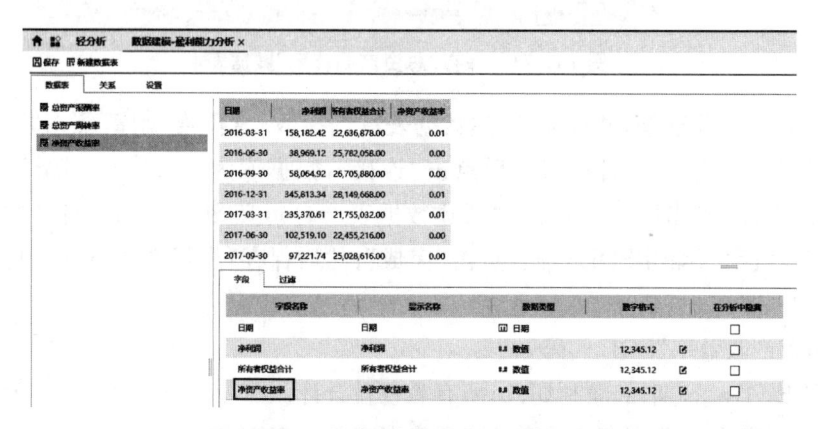

图 10 - 74　保存"净资产收益率"数据表

（5）进入数据建模，并选择"新建数据表"，选择 MySQL 数据库，点击"下一步"；输入服务器、端口、用户名和密码后点击"连接"，数据库为"business_data"，类型为"自定义 SQL"，点击"下一步"；在"新建数据表－自定义 SQL"界面，将名称命名为"销售净利率"，编辑 SQL 代码，点击"完成"；然后保存"销售净利率"数据表（见图10 - 75～图 10 - 77）。

"销售净利率"SQL 代码如下：

SELECT a.日期,a.净利润,b.实际销售额,

a.净利润／b.实际销售额　AS 销售净利率

FROM 利润表 a,

(SELECT concat(date_format(下单时间,'%Y'),

FLOOR((date_format(下单时间,'%m')＋2)／3)) AS 日期,

SUM(总金额) AS 实际销售额 FROM 销售订制单

GROUP BY concat(date_format(下单时间,'%Y'),

FLOOR((date_format(下单时间,'%m')＋2)／3))) b

WHERE concat(date_format(a.日期,'%Y'),

FLOOR((date_format(a.日期,'%m')＋2)／3)) LIKE b.日期

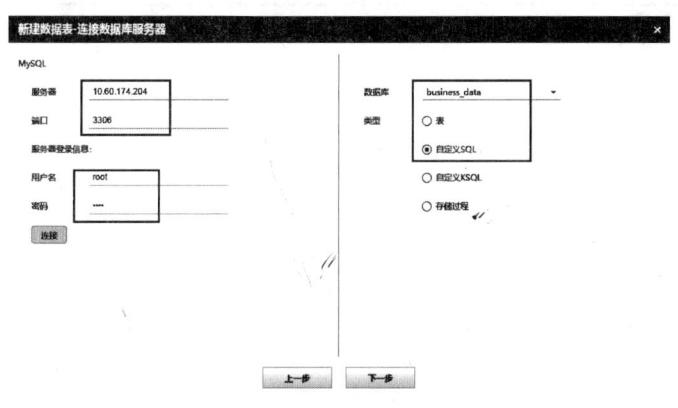

图 10-75　连接数据库服务器

图 10-76　编辑"销售净利率"SQL 代码

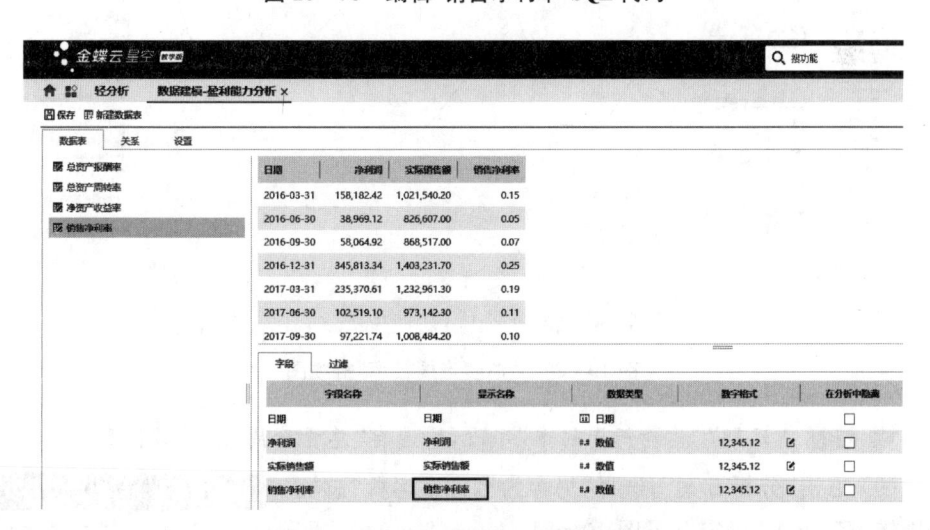

图 10-77　保存"销售净利率"数据表

（6）进入数据斗方，选择"折线图"，横轴拖入"日期"，维度为"季度"；纵轴拖入"总资产报酬率"，度量为"平均"。选择预览尺寸为"全画面"（见图 10-78）。

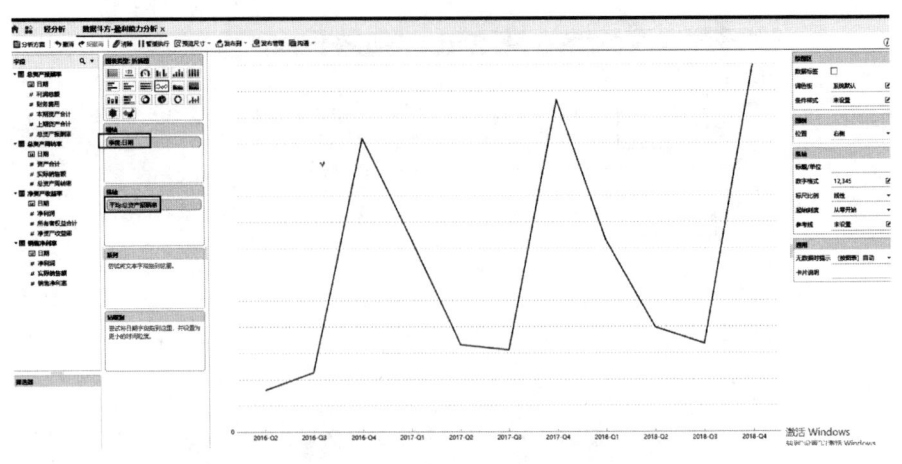

图 10-78 "总资产报酬率"折线图

注意 "日期""总资产报酬率"字段,均选自"总资产报酬率"数据表。

(7) 点击"分析方案",选择"另存为",方案名称"总资产报酬率",点击"确定"(见图 10-79)。

(8) 进入数据斗方,选择"折线图",横轴拖入"日期",维度为"季度";纵轴拖入"总资产周转率",度量为"平均"。选择预览尺寸为"全画面"(见图 10-80)。

图 10-79 另存为"总资产报酬率"方案

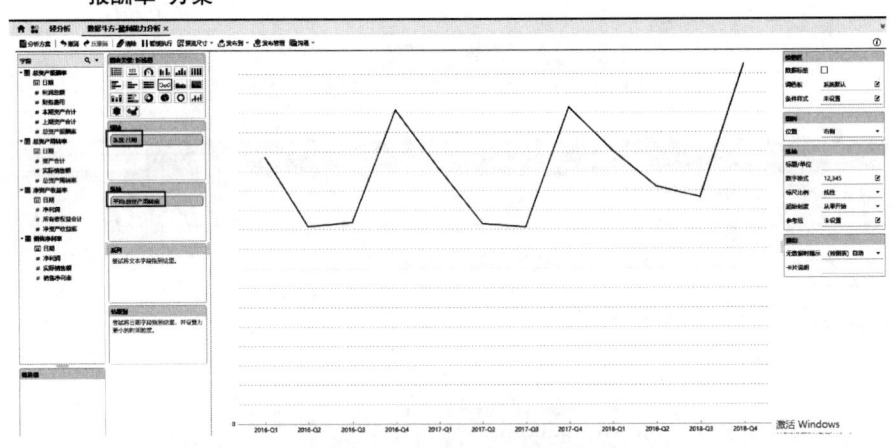

图 10-80 "总资产周转率"折线图

注意 "日期""总资产周转率"字段,均选自"总资产周转率"数据表。

(9) 点击"分析方案",选择"另存为",方案名称"总资产周转率",点击"确定"(见图 10-81)。

(10) 进入数据斗方,选择"折线图",横轴拖入"日期",维度为"季度";纵轴拖入"净资产收益率",度量为"平均"。选择预览尺寸为"全画面"(见图

图 10-81 另存为"总资产周转率"方案

10-82)。

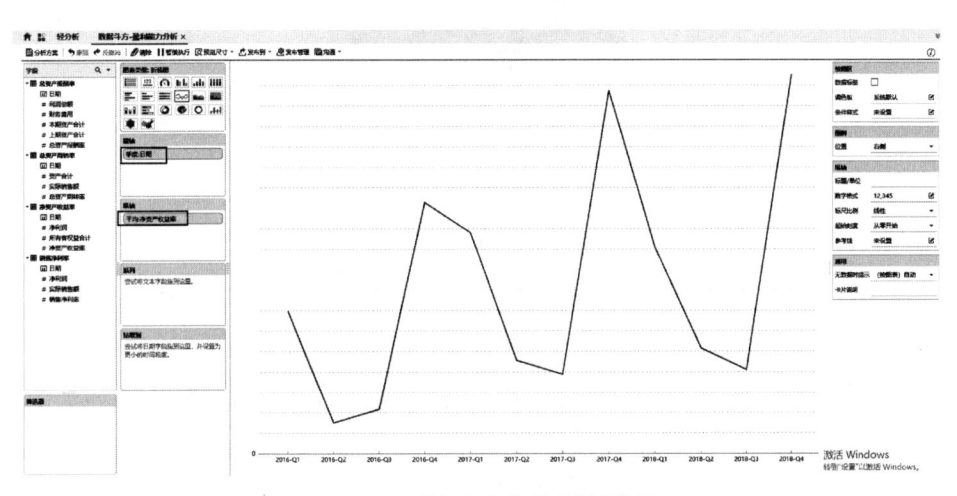

图 10-82 "净资产收益率"折线图

注意 "日期""净资产收益率"字段,均选自"净资产收益率"数据表。

(11) 点击"分析方案",选择"另存为",方案名称"净资产收益率",点击"确定"(见图 10-83)。

(12) 进入数据斗方,选择"折线图",横轴拖入"日期",维度为"季度";纵轴拖入"销售净利率",度量为"平均"。选择预览尺寸为"全画面"(见图 10-84)。

图 10-83 另存为"净资产收益率"方案

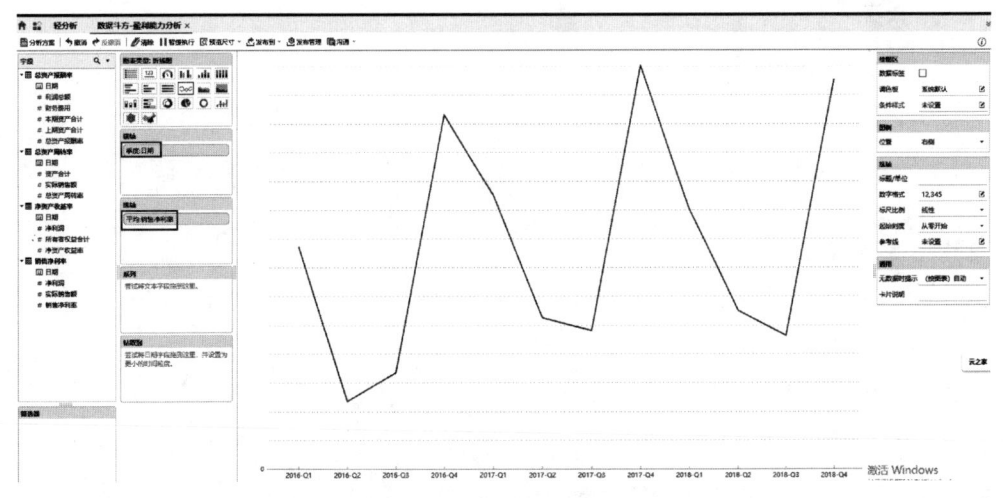

图 10-84 "销售净利率"折线图

注意 "日期""销售净利率"字段,均选自"销售净利率"数据表。

(13) 点击"分析方案",选择"另存为",方案名称"销售净利率",点击"确定"(见

图 10-85)。

图 10-85 另存为"销售净利率"方案

6. 任务作业

(1) 自行根据数据分析需要,分析各季度利润总额的环比增长率;

(2) 自行根据数据分析需要,分析各季度销售净利率的变动趋势。

第11章 财务大数据分析综合实训——风险预警

风险预警,作为企业财务管理的重要环节之一,在新零售模式下,拥有更为海量的数据,如何在如此庞大的数据量中分析业绩及盈利状况、资金流量、经营风险等,通过销售计划完成率、经营活动现金流量分析、资产负债率等指标分析,成为挖掘数据价值,提升企业风险预警能力的关键。本节依托金蝶云星空平台,运用数据可视化分析以及 SQL 语言,对风险预警数据进行快速整理与分析,挖掘数据价值,提升企业风险管理能力。

任务二十三 业绩及盈利状况分析

1. 任务目的

分析企业和各门店一定时期内的销售计划完成率,了解门店的业绩完成情况以及盈利状况,为企业未来制定战略提供参考。

2. 任务内容

作为店长,需要时刻关注门店的业绩完成情况以及盈利状况,哪些指标能够反映上述需求?

3. 任务准备

(1) 新建一个业务主题,命名为"风险预警",点击"确定",完成创建。

(2) 进入"数据建模"。

4. 任务要求

(1) 分析总体销售计划完成率;

(2) 分析各门店销售计划完成率。

5. 任务操作指导

(1) 进入数据建模,并选择"新建数据表",选择 MySQL 数据库,点击下一步,输入服务器、端口、用户名和密码后点击"连接",数据库为"bussiness_data",类型为"自定义 SQL",点击"下一步";进入"新建数据表－自定义 SQL"界面,输入名称:"门店月度销售汇总表",编辑 SQL 代码,点击"完成",然后保存"门店月度销售汇总表"(见图 11-1～图 11~3)。

"门店月度销售汇总表"SQL 代码台下:

SELECT a.日期,a.门店,a.计划销售额,b.实际销售额

FROM (SELECT date_format(日期,'20%y-%m-01') AS 日期,门店,
SUM(计划销售额) AS 计划销售额

FROM 门店销售计划

GROUP BY date_format(日期,'20%y-%m-01'),门店) a,

(SELECT date_format(下单时间,'20%y-%m-01') AS 日期,门店,
SUM(总金额) AS 实际销售额

FROM 销售订制单

WHERE 下单时间>='2018-01-01'

GROUP BY date_format(下单时间,'20%y-%m-01'),门店) b

WHERE a.日期=b.日期 and a.门店 = b.门店

GROUP BY a.日期,门店

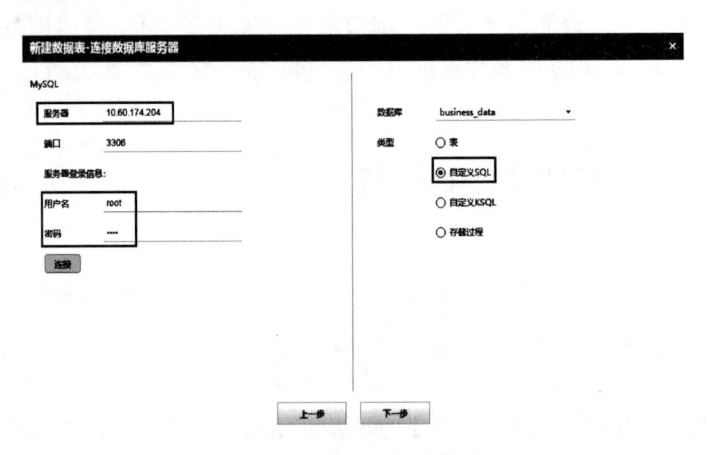

图 11-1 新建数据表

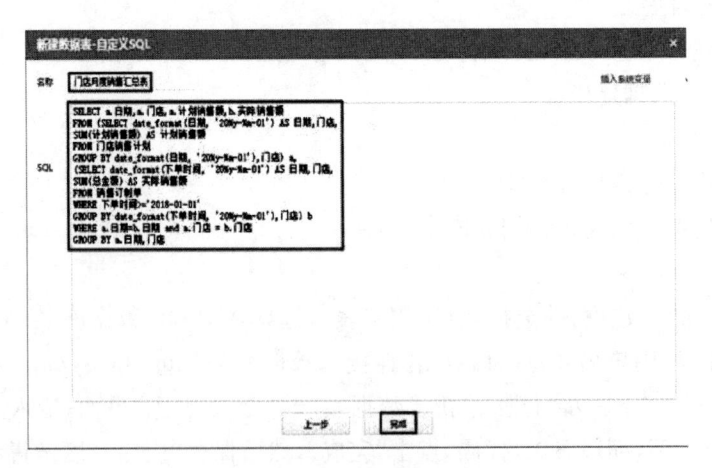

图 11-2 自定义 SQL

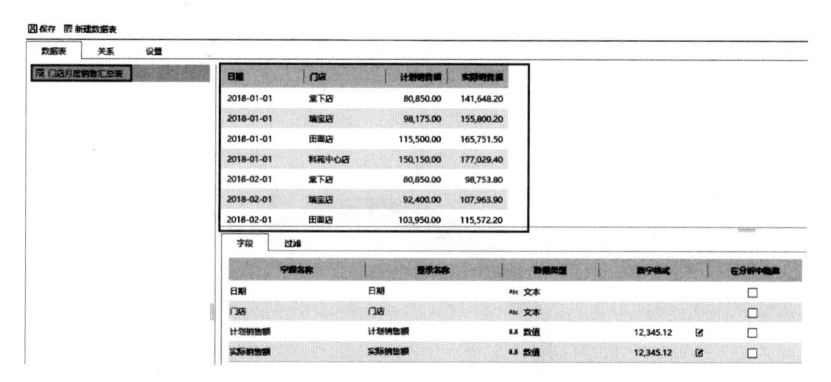

图 11-3　保存"门店月度销售汇总表"

> **注意**　数据库可能会更新,代码仅供参考,要按实际情况填写。

(2) 增加新建计算字段,增加销售计划完成率指标。点击门店销售计划汇总表右侧"新建计算字段";在弹出的界面中,名称填写"销售计划完成率",表达式:[实际销售额]/[计划销售额](见图 11-4)。

图 11-4　新建计算字段

> **注意**　表达式出现绿色对号,则公式正确。

然后点击"确定",销售计划完成率生成。生成数据后,注意所有数据建模的保存(见图 11-5)。

图 11-5　销售计划完成率

（3）进入数据斗方，图标类型选择"仪表图"，指针值选择"销售计划完成率"，度量为"平均"，筛选器依次选择"日期""门店"（见图11-6）。

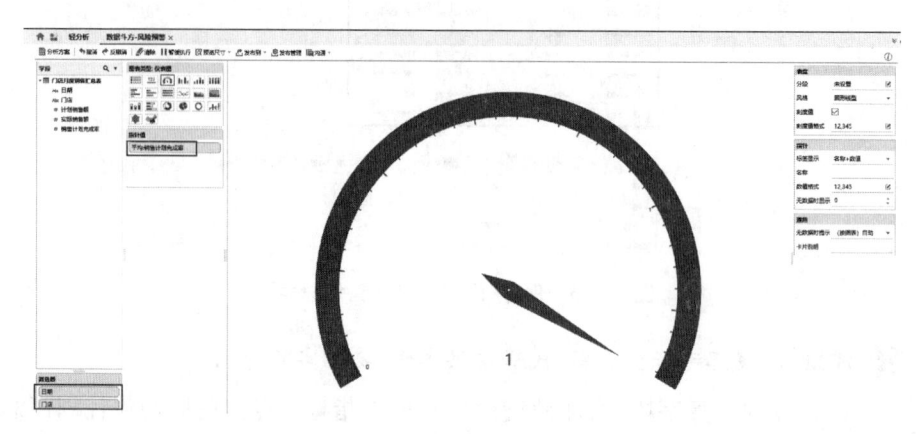

图11-6 仪表图指标筛选

> **注意** 此时的图表界面不是最终结果。

（4）设置数字格式。左侧功能区域，销售计划完成率右侧的小三角选择"数字格式"，保留2位小数位数，数量单位选择"百分之一（%）"，点击"应用"，度量改为"平均"（见图11-7和图11-8）。

图11-7 数字格式设置

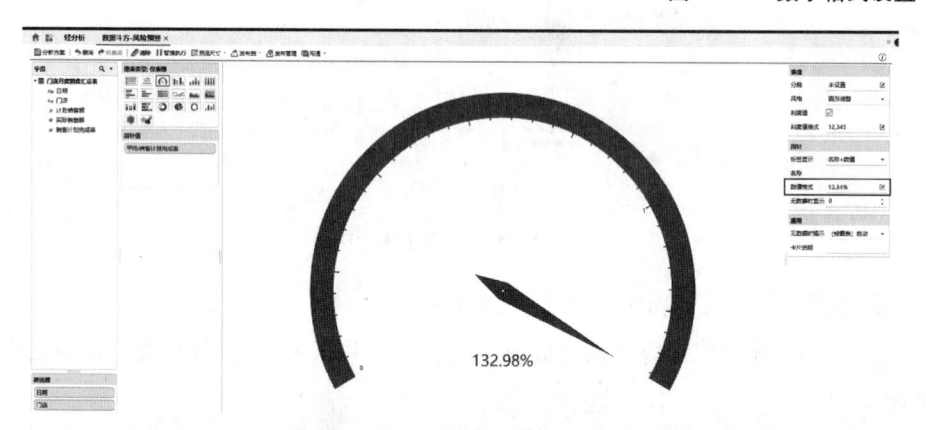

图11-8 数字格式设置完成

（5）分段设置。界面右侧表盘，点击"分段"，依次设置起始刻度值、结尾刻度值、范围、颜色、标签（见图11-9）。

起始刻度值0，结尾刻度值1.33，增加分刻度进行分段。

分段：

范围：0－0.85　颜色：红色　标签：预警

图11-9 分段设置

范围:0.85-1　颜色:蓝色　标签:良好

范围:1-1.30　颜色:绿色　标签:优秀

🔊 **注意**

第一,颜色可根据实际需要自由选择;

第二,分段标准可根据实际需要进行调整。

(6) 分析结果(见图 11-10)。

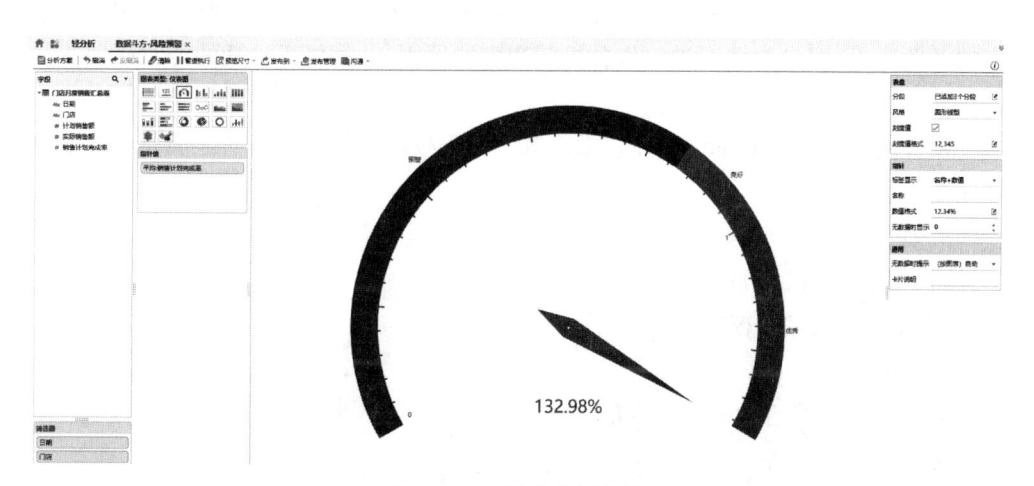

图 11-10　整体分析结果

根据具体需要,选择具体门店,如选择"科苑中心店"(见图 11-11)。

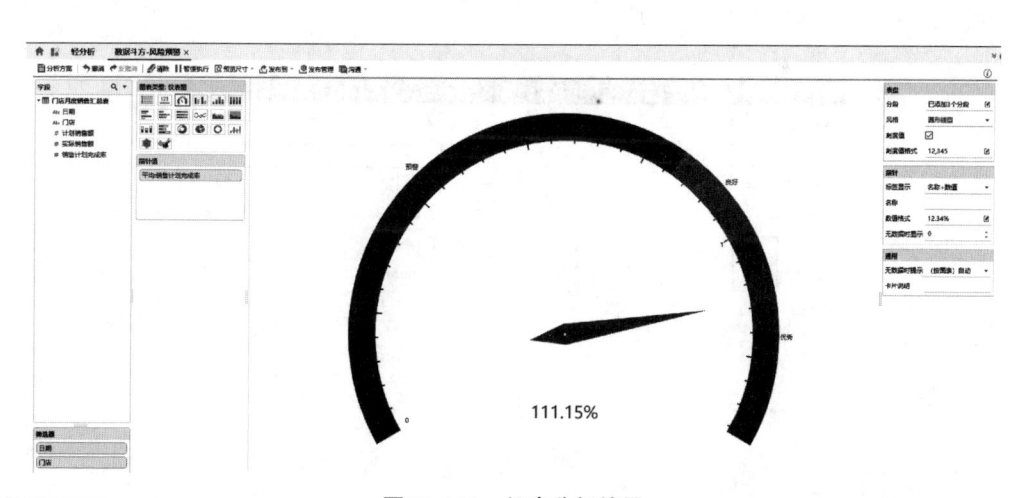

图 11-11　门店分析结果

🔊 **注意**　可根据个人观感需要进行预览尺寸、调色板等的设置。

(7) 点击"分析方案",选择"另存为",方案名称"业绩及盈利状况分析",点击"确定"(见图 11-12)。

图 11-12　另存为"业绩及盈利状况分析"方案

6. 任务作业

（1）自行根据数据分析需要，计算总体利润计划完成率；

（2）自行根据数据分析需要，计算各门店利润计划完成率。

任务二十四　资金流量分析

1. 任务目的

分析企业和各门店一定时期内经营活动现金流量，反映企业的财务状况以及真实的经营成果，对异常情况进一步分析其产生的原因，并做好下一期的经营计划。

2. 任务内容

良性的资金流动有助于企业正常经营，对于财务主管，如何通过经营活动现金流量来监控资金流量？

3. 任务准备

（1）进入"风险预警"业务主题；

（2）进入"数据建模"。

4. 任务要求

分析总体经营活动现金净流量。

5. 任务操作指导

（1）进入数据建模，并选择"新建数据表"，选择 MySQL 数据库，点击"下一步"，输入服务器、端口、用户名和密码后点击"连接"，数据库为"bussiness_data"，类型为"表"，点击"下一步"（见图 11-13）。

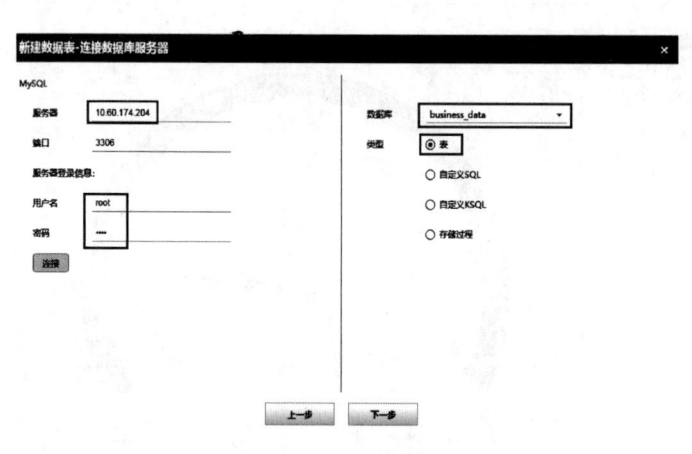

图 11-13　新建数据表

（2）在"新建数据表－选择表"界面选择"现金流量表"，点击"下一步"，并保存（见图 11-14）。

（3）在"新建数据表－选择字段"界面选择现金流量表中的"经营活动产生的现金流量净额"，点击"完成"（见图 11-15）。生成数据后，注意保存数据表。

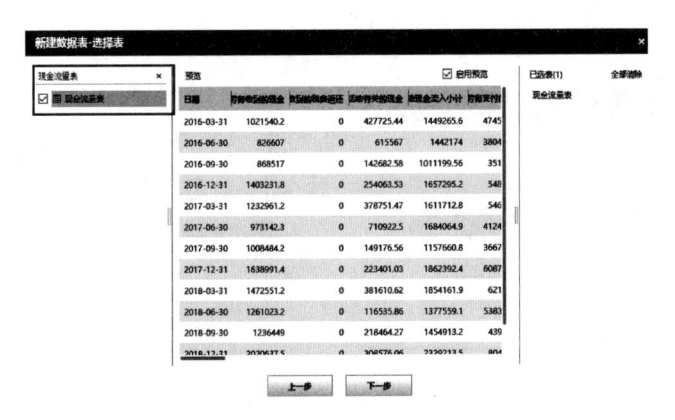

图 11-14　选择数据表

图 11-15　选择字段

(4) 进入数据斗方,图标类型选择"仪表图",指针值选择"现金流量表－经营活动产生的现金流量净额"(见图 11-16)。

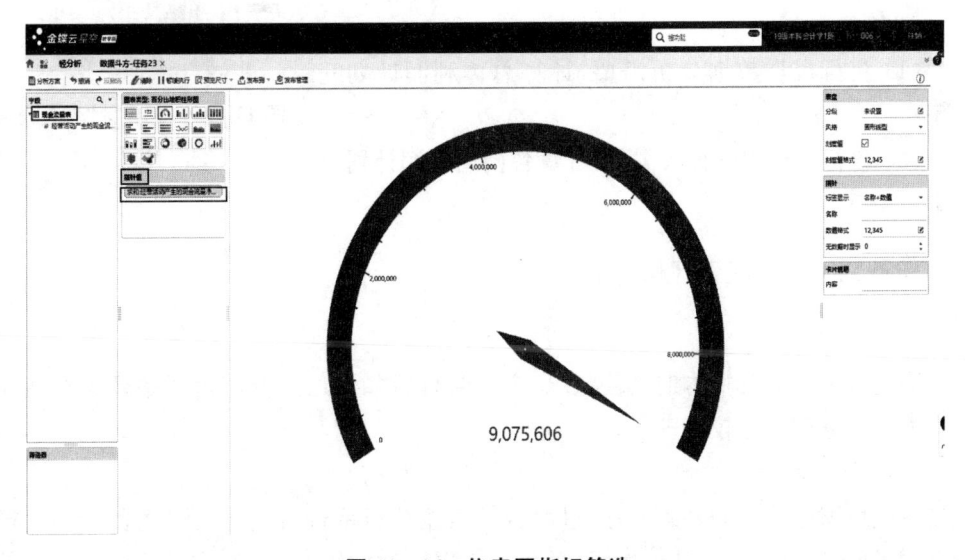

图 11-16　仪表图指标筛选

> **注意** 可根据个人观感需要进行预览尺寸、调色板等设置。

（5）点击右侧属性设置区域的分段，填写起始刻度值和结尾刻度值，设置完毕后点击"确定"（见图11-17）。

> **注意** 颜色可根据实际需要自由选择。

（6）分析结果（见图11-18）。

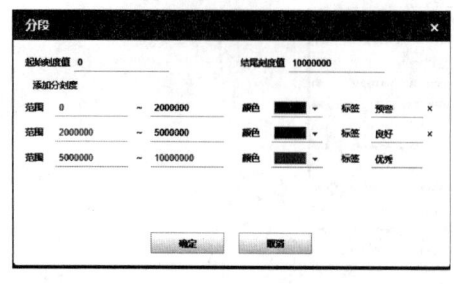

图11-17 分段设置

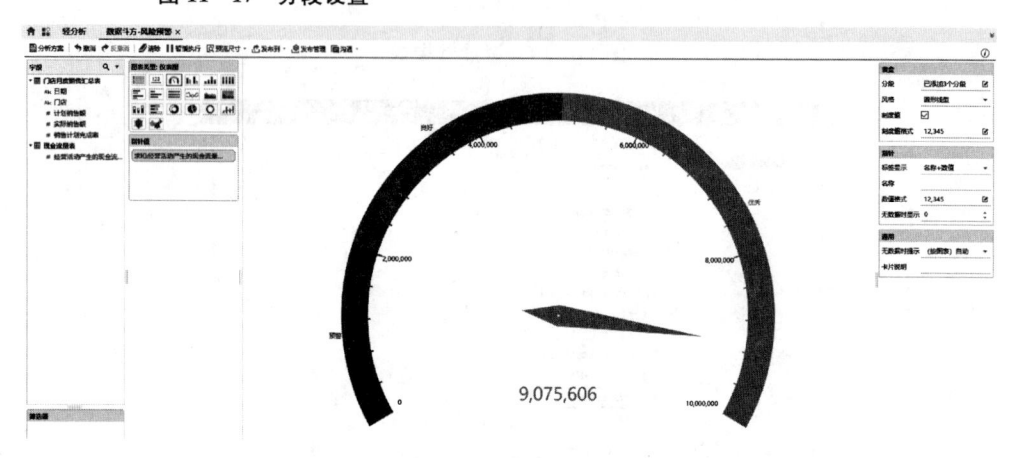

图11-18 分析结果

> **注意** 可根据个人观感需要进行预览尺寸、调色板等设置。

（7）进入数据斗方，点击分析方案，选择"另存为"，方案名称为"资金流量分析"，点击"确定"（见图11-19）。

6. 任务作业

（1）自行根据数据分析需要，计算总体利润计划完成率；

（2）自行根据数据分析需要，计算各门店利润计划完成率。

图11-19 另存为"资金流量分析"方案

任务二十五　经营风险分析

1. 任务目的

通过报表能够反映本期经营状况，企业管理者如何通过资产负债率评价经营风险？如何设置阈值比较合理？

2. 任务内容

在获取财务报表的基础上，通过财务大数据分析平台对企业的资产负债率进行计算，并利用数据斗方构建仪表图，对企业整体偿债能力进行预警分析。

3. 任务准备

(1) 进入"风险预警"业务主题;

(2) 进入"数据建模"。

4. 任务要求

指标:资产负债率 > 60%

5. 任务操作指导

(1) 进入数据建模,并选择"新建数据表",选择 MySQL 数据库,点击"下一步",输入服务器、端口、用户名和密码后点击"连接",数据库为"bussiness_data",类型为"表",点击"下一步"。在"新建数据表—选择表"界面选择"资产负债表",点击"下一步"(见图 11-20 和图 11-21)。

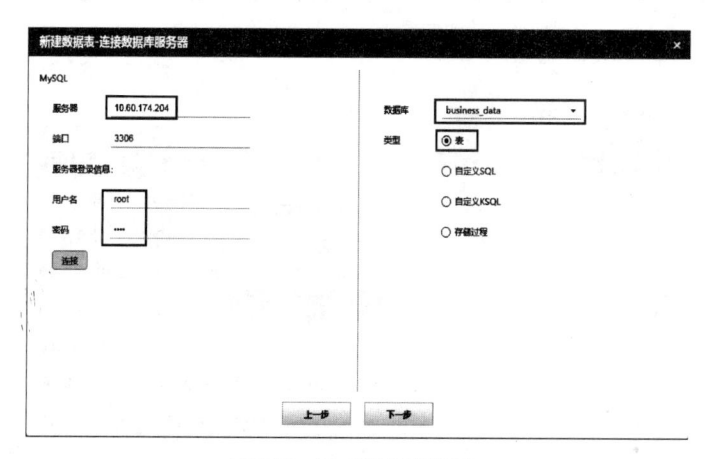

图 11-20　新建数据表

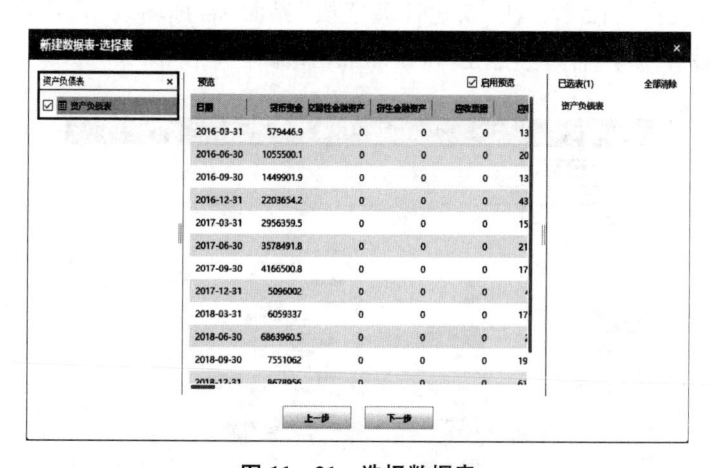

图 11-21　选择数据表

(2) 在"新建数据表—选择表"界面依次选择资产负债表中的"日期""负债合计""资产合计",点击"完成",数据生成,点击"保存"(见图 11-22)。

图 11‐22 选择字段

(3) 新建计算字段。点击资产负债表右侧的按钮的"新建计算字段"(见图 11‐23)。

图 11‐23 新建计算字段

(4) 计算资产负债率。在"新建计算字段"界面,名称输入"资产负债率",表达式:[负债合计]/[资产合计],点击"确定",点击"保存"(见图 11‐24)。

图 11‐24 计算资产负债率

> **注意** 表达式旁边出现绿色对号,公式无误;如有错误,会标红提示。

(5) 进入数据斗方,图标类型选择"仪表图",右侧表盘风格选择"圆形刻度型"。指针值选择"资产负债率",度量改为"平均";筛选器选择"日期(年月)"(见图 11-25)。

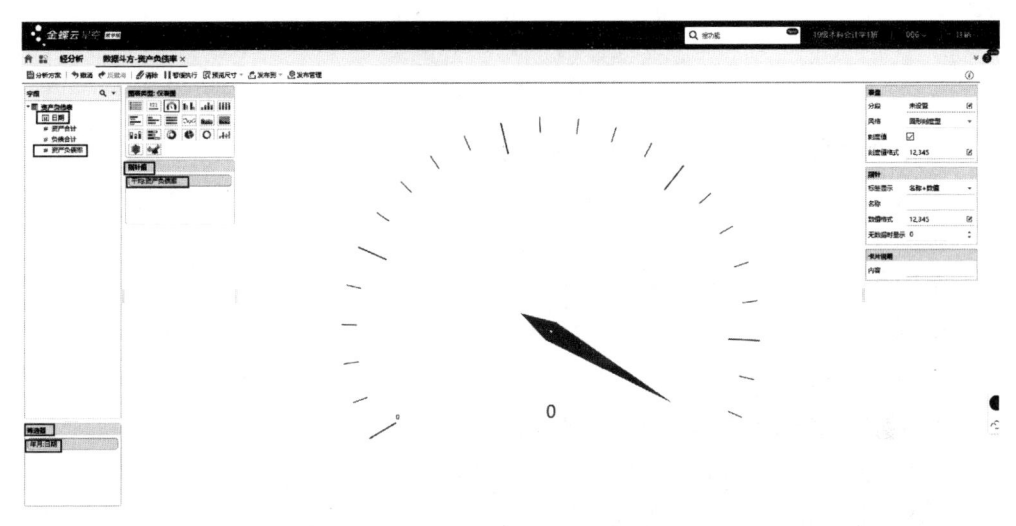

图 11-25 仪表图指标筛选

> **注意** 可根据个人观感需要进行预览尺寸、调色板等设置。

(6) 修改数字格式。左侧功能区域指针值选择"平均资产负债率",右侧小三角选择"数字格式",保留 2 位小数位数,数量单位选择"百分之一(%)",点击"应用"(见图 11-26)。

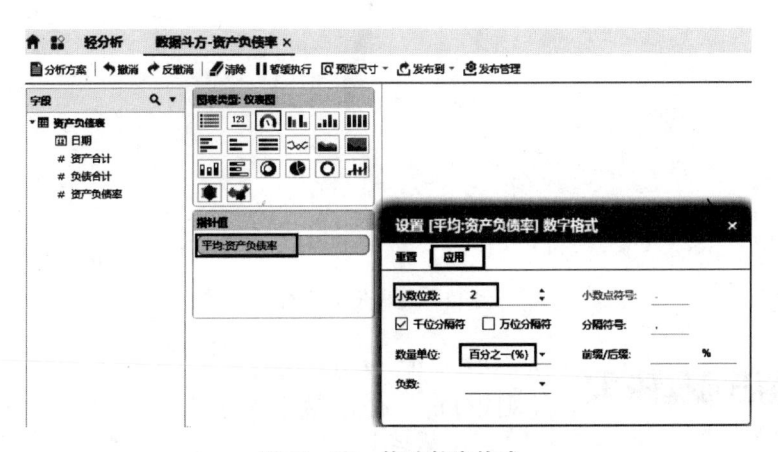

图 11-26 修改数字格式

(7) 分段设置。界面右侧表盘,点击"分段",依次设置起始刻度值、结尾刻度值、范围、颜色、标签(见图 11-27)。

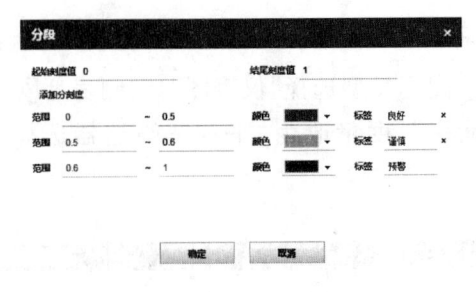

图 11-27 分段设置

起始刻度值 0,结束刻度值 1,增加分刻度进行分段。

分段:

范围:0－0.5　颜色:绿色　标签:良好

范围:0.5－0.6　颜色:黄色　标签:谨慎

范围:0.6－1　颜色:红色　标签:预警

🔊 注意

第一,颜色可根据实际需要自由选择;

第二,分段标准可根据实际需要进行调整。

(8) 分析结果(见图 11-28)。

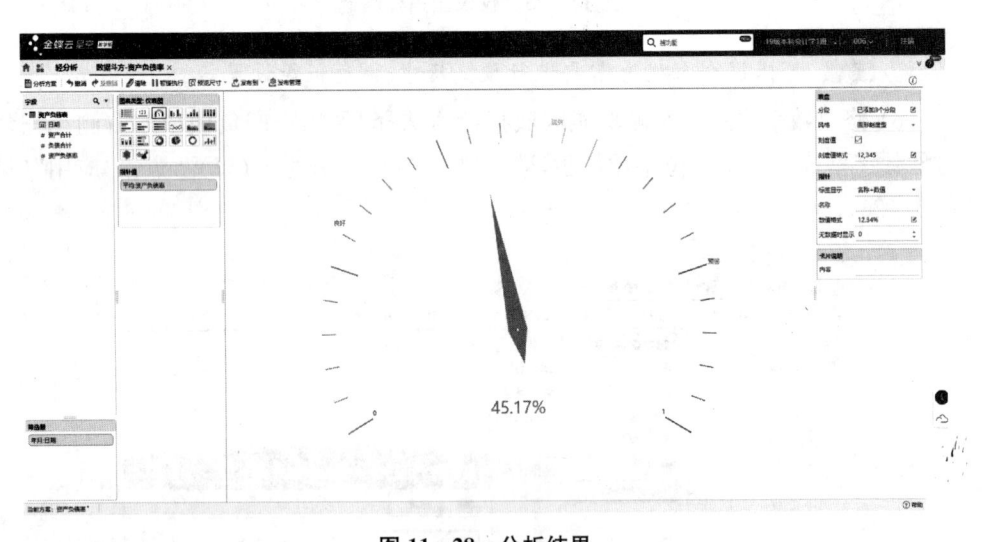

图 11-28 分析结果

图 11-29 另存为"经营风险分析"方案

(9) 点击"分析方案",选择"另存为",方案命名为"经营风险分析",点击"确定"(见图 11-29)。

6. 任务作业

(1) 自行根据数据分析需要,计算总体净利润<0;

(2) 自行根据数据分析需要,计算各门店净利润<0;

(3) 自行根据数据分析需要,计算销售现金比率。